LE MIROIR BRISÉ DES RÉSEAUX SOCIAUX

Analyse critique des apports
réels des réseaux sociaux

Alain Lefebvre & François Lienart

Talking Heads

CONTENTS

Title Page

Copyright

Préface de Frédéric Cavazza   1

Introduction : le temps de la déception   5

1- Bilan d'un succès   8

2- Piqûre de rappel : retour rapide sur l'historique et la   14
justification des services de réseaux soc

3- Usages : ce qui était attendu et ce qui a surpris   33

4- Rencontres du 6ème type   45

5- L'envers du décor   65

6- Jusqu'où peuvent-ils aller ? La réponse grâce à "Zéros   99
Sociaux" !

7- Séparer le bon grain de l'ivraie   108

Conclusion- Une démonstration du béhaviorisme de   120
Skinner ?

Notes des auteurs   125

PRÉFACE DE FRÉDÉRIC CAVAZZA

"*D'ici à 5 ans, les réseaux sociaux seront comme l'air*". À mesure que nous approchons de l'échéance, cette prédiction lancée par Charlene Li en 2008 semble de plus en plus pertinente. Si les annonceurs peuvent se réjouir de l'omniprésence de plateformes sociales comme Facebook, YouTube ou Twitter, le risque auquel ils sont exposés est celui de la banalisation. Ces plateformes sont là, tout le monde les utilise tous les jours, mais plus personne n'y fait attention. Pour éviter de suivre le même destin que Yahoo, MSN ou Ebay, les éditeurs de plateformes sociales innovent tous les mois et investissent des sommes considérables en croissance externe pour maintenir l'intérêt. Le problème est que la surenchère à laquelle se livrent les éditeurs et annonceurs pour capter et garder l'attention des membres est un processus destructeur dont on ne mesure pas bien les dégâts.

Le livre que vous tenez entre vos mains est l'occasion de prendre du recul et surtout de bien appréhender le paradoxe des médias sociaux : nous n'avons jamais eu autant de choses insignifiantes à dire. L'évolution naturelle des réseaux sociaux et la surexposition offerte par les médias traditionnels ont participé à l'appauvrissement des échanges et la culture de l'instant présent : les internautes ont petit à petit délaissé les blogs et leurs longs articles pour passer toujours plus de temps sur des plateformes sociales où ils peuvent publier et interagir avec des microcontenus (photos, messages courts...).

En quelques années, Facebook est ainsi devenu LA plateforme sociale de référence où il faut voir et être vu, le lieu de passage obligatoire où l'on cherche à faire le buzz à tout prix, et vite. Malheureusement, tous les membres n'ont pas le talent ou la vie trépidante qu'ils fantasment d'avoir. De même, toutes les marques qui s'y essayent n'ont pas la culture ou la renommée pour faire rêver des millions de fans, ou les moyens d'envoyer un homme dans l'espace !

La désillusion constatée et la déception générée par les médias sociaux est la suivante : contrairement aux réseaux sociaux dont la valeur augmente avec le nombre de membres, la qualité des publications et interactions sur les médias sociaux diminue avec le nombre de membres (il ne peut pas y avoir 1 milliard de Lady Gaga et Red Bull). C'est là toute la différence entre LinkedIn et Facebook. C'est là toute la différence entre le Facebook des débuts (à l'époque où il était restreint aux étudiants de Harvard) et le Facebook de 2013, ouverts à tous, pour le meilleur et surtout pour le pire.

Le basculement de réseau social (fermé) à celui de média social (ouvert et public) est le facteur déclenchant d'un phénomène de banalisation qui pousse notamment les jeunes à délaisser les plateformes sociales utilisées par leurs parents et professeurs pour adopter des applications mobiles de socialisation éphémères : les discussions et photos publiées ne sont pas forcément d'un plus grand intérêt, mais au moins elles ne laissent pas de trace et l'on ne vous demande pas de payer pour les partager avec le plus d'amis possible.

Nous abordons ici la deuxième grande supercherie des médias sociaux : celle de nous faire croire qu'en payant vous aurez plus de chance d'intéresser les membres de votre communauté. Pourtant nous savons tous que crier ne rend pas vos propos plus intéressants. Autant les offres publicitaires de Facebook ou Twitter répondent à un besoin réel d'exposition pour les marques, autant il m'est impossible de cautionner de telles pratiques pour les particuliers. J'ai mis 10 ans à me constituer une audience de fidèles lecteurs au travers de mes blogs, il est illusoire de penser que ces dix années d'efforts peuvent être rattrapées en payant 10 ou 20 €

pour promouvoir une publication auprès du plus grand nombre de membres.

L'anthropologue britannique Robin Dunbar a publié en 1993 sa théorie sur le nombre maximum d'amis avec lesquels un individu peut entretenir une relation stable. Dépassé 150 personnes, la confiance mutuelle et la communication ne suffisent plus à assurer la cohésion du groupe. Les réseaux sociaux nous ont été présentés comme la solution à cette limite, mais elle n'est incomplète dans la mesure où s'il n'y a pas de limite à la taille de notre réseau de connaissances, le cercle proche de nos amis nécessite des interactions sociales de proximité. Si des plateformes sociales comme Twitter ou Facebook nous permettent de toucher plus de 150 personnes, elles ne nous permettent pas de tisser des connexions émotionnelles pour les inclure dans notre premier cercle social. En revanche, les blogs se révèlent être des outils de communication très performants pour fédérer un groupe important de lecteurs, surtout dans le cadre d'une activité professionnelle pointue ou si vous êtes particulièrement impliqué dans une passion (cuisine, scrapbook, modélisme...).

Ceci étant dit, les médias sociaux ont irrémédiablement changé notre façon de communiquer, d'interagir et de sociabiliser. Peut-être la notion même d'amitié doit-elle être révisée pour mieux correspondre aux usages des générations Y et Z. Dans tous les cas de figure, ce livre vous aidera à mieux comprendre les limites des réseaux sociaux et vous donnera de précieux conseils pour les exploiter aux mieux à vos fins tout en évitant de succomber au miroir aux alouettes.

À propos de Frédéric Cavazza

Consultant et conférencier, Frédéric Cavazza travaille dans les métiers de l'internet depuis maintenant plus de 15 ans. Il est le rédacteur de plusieurs blogs traitant des usages autour du numérique, de la mobilité et du commerce en ligne (FredCavazza.net, MediasSociaux.fr, TerminauxAlternatifs.fr, RichCommerce.fr...) Il collabore également avec l'agence OgilvyOne pour accompagner de grandes marques internationales dans leur basculement vers le digital.

INTRODUCTION :
LE TEMPS DE LA
DÉCEPTION

Après une progression météorique et une réputation flatteuse auprès des médias traditionnels (qui d'entre nous n'a pas au moins une fois entendu vanter la supposée "extraordinaire influence" de Twitter ?), il semble que nous sommes en train de vivre un tournant dans la perception que nous avons de ces "nouveaux services" : le temps de la déception est en train de se développer désormais.

Oui, il s'agit bien des services de réseaux sociaux, les Facebook, Twitter et quelques autres. J'ai pourtant été un "témoin engagé" lors des débuts de cette vague et ce, dès 2004. J'ai publié un livre sur le domaine ("Les réseaux sociaux, pivot de l'Internet 2.0" publié chez M21 édition) pour promouvoir ce mouvement et le faire connaître. Et, bien entendu, j'avais de grands espoirs dans ce mouvement et ses services.

Au début, tout allait bien : LinkedIn et Facebook (pour ne citer que ces deux sites) ouvraient des perspectives nouvelles et des possibilités inédites dans un domaine (le relationnel) qui était resté trop longtemps sclérosé.

Hélas, l'évolution actuelle est trop visible pour se cacher la vérité plus longtemps. Je dois l'avouer, je suis complètement sidéré de voir la médiocrité (voire pire) des contributions de mes connexions sur Facebook (ou un autre service de réseaux social). Le fait est que même les plus intelligents de mes contacts (pour ceux que je connais bien) s'abaissent à mettre en ligne des "informations" ou des opinions que, vraiment, ils auraient dix fois mieux fait de garder pour eux (oui, vous voyez parfaitement ce que je veux dire, hélas…).

Pareil pour la supposée influence de ces nouveaux médias (et en particulier Twitter). Les études récentes montrent que cette influence réelle est encore très surestimée (voir chapitre 4).

Bref, il est temps de dénoncer certaines de ces idées reçues et remettre les choses en place : si ces services n'ont pas tenu leurs promesses, ils ont été en revanche les révélateurs du comportement d'une grande masse de gens.

C'est pour remettre les points sur les i qu'avec mon complice (François Lienart), nous avons rédigé cet ouvrage à quatre mains. Cette collaboration a été vraiment profonde et fluide au point qu'il est difficile de départager qui a fait quoi dans l'ouvrage final !

C'est pour cette raison que nous avons laissé l'emploi de la première personne du singulier dans certaines sections tellement nous avons été à l'unisson tout au long de ce projet.

Dans les chapitres qui suivent, nous avons tout d'abord fait un rappel du contexte afin de bien poser les éléments : le succès de ces services, l'historique qui a précédé et accompagné leur avènement et les usages qui s'en sont dégagés. Ensuite, nous sommes allés à la rencontre des utilisateurs français les plus visibles, les fameux "blogueurs référents", afin de recueillir leurs témoignages et de vérifier quelques hypothèses. À partir de là, il était facile de dérouler nos constatations : les usages et comportements négatifs s'accumulaient; favorisés, encouragés voire même organisés par la nature même de ces services.

Bien entendu, face à un sujet aussi vaste, il y a forcément des facettes que nous n'avons pas traitées. Comme l'utilisation de Facebook en tant que plateforme de jeux ou de drague. Sur le premier point, il semble que certains utilisateurs ont créé de multiples comptes (quasi vides) uniquement pour gérer au mieux l'allocation des points reçus en jouant (notre témoin en la matière évoque des participants ayant 5 comptes et plus sans que ça soit exceptionnel... Ça relativise tout de suite les chiffres de certains services !). Pour le second point, nous n'avons pas eu "d'avis autorisés" sur le sujet par nos témoins habituels mais nos jeunes fils confirment qu'il s'agit bien là d'une utilisation importante du service, dans leur tranche d'âge au moins !

Au final, il en ressort que le sentiment de déception qui monte nettement en ce moment est bien justifié. Mais, bien entendu, il ne s'agit pas de "jeter le bébé avec l'eau du bain" et un usage raisonné de ces services est toujours possible (c'est même le plus profitable). J'espère que, comme nous, c'est à cette conclusion que vous parviendrez en ayant lu ces pages.

Alain Lefebvre & François Lienart - avril 2013

1- BILAN D'UN SUCCÈS

Avant d'en faire la critique, voyons dans quelle mesure les services de réseaux sociaux ont pris de l'importance dans notre société lors de ces cinq dernières années.

Il ne s'agit pas de faire un bilan de la réussite de ces services (la notion de réussite est discutable) mais plutôt de leur succès qui lui, est incontestable.

Le succès se mesure d'abord en nombre d'utilisateurs, en influence, en impact sur la société et là, les réseaux sociaux en général et Facebook en particulier ont incontestablement marqué leur époque !

Il est difficile d'avoir des chiffres "frais" sur ces services : en général, les mesures "sérieuses" sont toujours en décalage de quelques mois par rapport à l'actualité brûlante... Mais, même avec un an de retard, ces chiffres permettent de rendre compte du phénomène.

D'après l'étude "chiffres clés social media pour 2012" de l'agence Media Ventilo (quel nom bizarre !), on aurait donc les chiffres-clés suivants :

- 77% des internautes français consultent quotidiennement un réseau social (source : IFOP, novembre 2011)
- 66% des utilisateurs actifs de Facebook en France s'y connectent tous les jours (source : Facebook, octobre 2011)
- 60 millions de statuts Facebook sont mis à jour quotidiennement (source : Social Media Training, décembre 2011)

Facebook : le plus grand cimetière du monde ?

D'autre part, en se basant sur les chiffres divulgués officiellement par Facebook, cela nous donne les éléments suivants (voir à http://newsroom.fb.com/Key-Facts) :

- En décembre 2012 ; il y aurait plus d'un milliard d'utilisateurs actifs,

- 82% de ces utilisateurs résident en dehors de l'Amérique du Nord (USA + Canada),
- 680 millions de ces inscrits utilisent également (ou exclusivement) l'application mobile de Facebook.

Au niveau de l'âge, on pourrait penser qu'il s'agit surtout d'une population jeune mais en fait, pas tant que cela... L'âge moyen s'établit à 37 ans (évidemment, il s'agit d'une moyenne très variable selon les services, détails à http://royal.pingdom.com/2012/08/21/report-social-network-demographics-in-2012/).

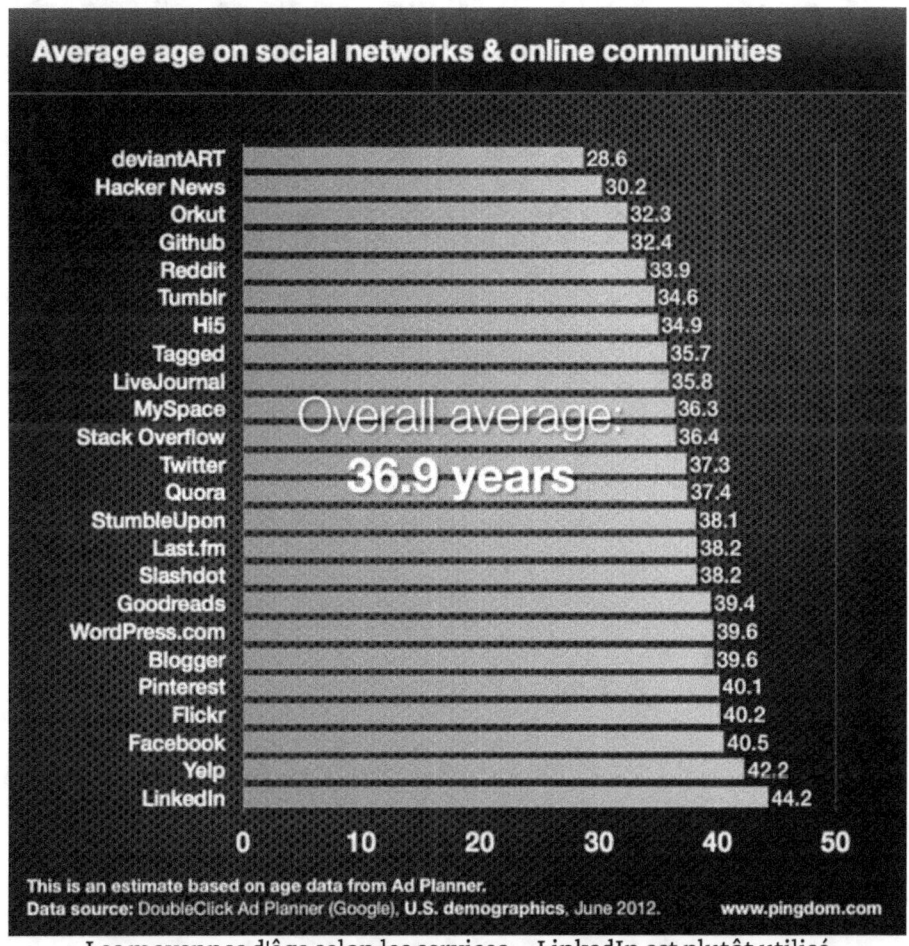

Les moyennes d'âge selon les services... LinkedIn est plutôt utilisé par des utilisateurs d'âge mûr, ce qui n'est pas surprenant.

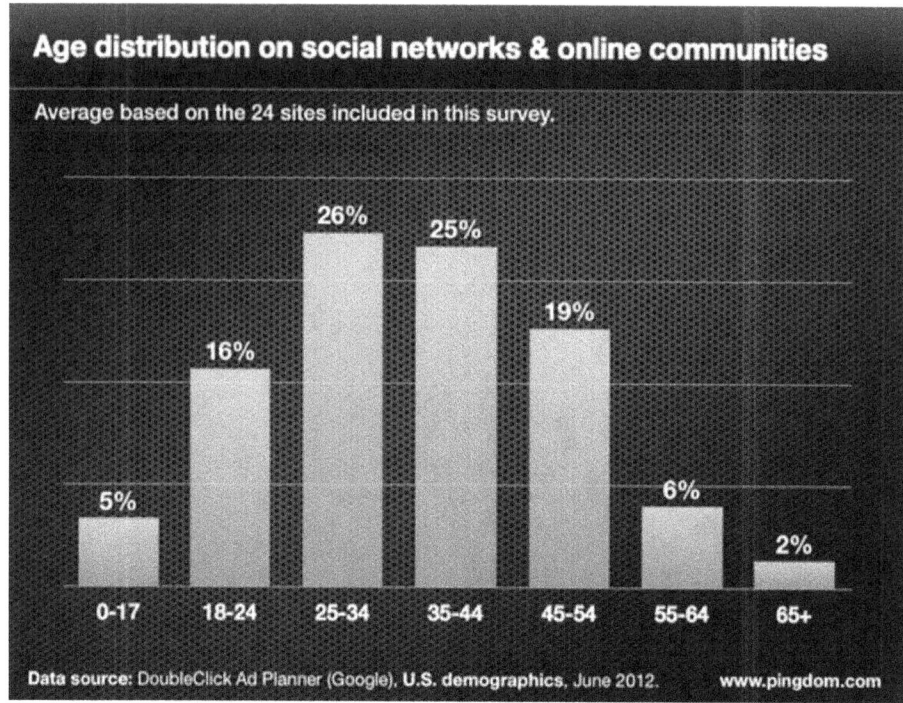

C'est surtout dans les tranches 25-34 & 35-44 ans que
nous trouvons la majorité des utilisateurs...

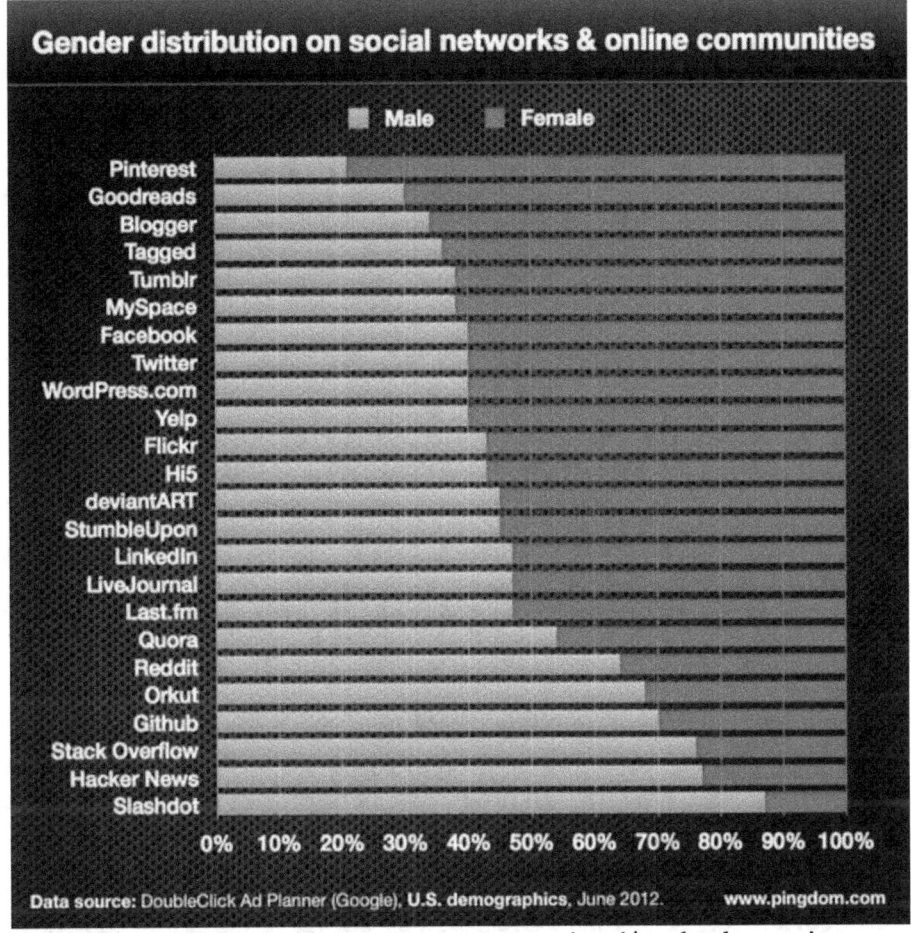

Enfin, la distribution des genres est tout aussi variée selon les services :
une majorité de femmes sur Pinterest et une majorité d'hommes
sur les sites à contenus "techniques" comme Slashdot.

Un milliard d'utilisateurs, ça cause !

Mais quand on sait que, toujours pour rester dans le domaine des statistiques, près de trois millions des inscrits décèdent dans l'année… ça fait de Facebook le plus grand cimetière (virtuel) de la planète !

Et ce n'est pas une simple supposition car nous sommes de plus en plus nombreux à avoir vécu cette expérience : un ami ou une connaissance a disparu mais son profil est toujours là…Du coup, la question des morts sur les réseaux sociaux (et de la continuité du patrimoine numérique) commence à être traitée, en particulier par Google (http://bigbrowser.blog.lemonde.fr/2013/04/17/rip-2-0-google-lance-un-service-pour-gerer-ses-donnees-apres-sa-mort/). Cela dit ce n'est qu'un début et on ne connait pas encore de service de réseau social affichant une étiquette "décédé" devant un profil !

Twitter : beaucoup d'inscrits, moins d'actifs...
Toujours en décembre 2012, Twitter annonçait avoir passé la barre des 500 millions d'inscrits (mais avec seulement 200 millions qui seraient actifs, toujours d'après Twitter, beaucoup moins selon d'autres sources), soit une progression importante puisqu'ils n'étaient encore que 60 millions neuf mois avant...

Google+ : ne mérite pas encore son nom...
En septembre 2012, Google annonçait (fièrement ?) que son service Google+ avait désormais 400 millions d'inscrits mais n'avouait que 100 millions d'utilisateurs actifs (ce qui fait un taux de "perte en ligne" assez important !).

LinkedIn : une progression lente mais solide
Enfin, en janvier 2013, c'était au tour de LinkedIn de faire son annonce : déjà 200 millions d'inscrits avec presque 200 000 de plus par jour !
Une progression encore assez lente par rapport aux trois autres, largement plus récents (LinkedIn remonte à 2003) mais qui commence à s'accélérer si on considère que la barre des 100 millions ne remonte qu'à mars 2011...

Mais en dehors de ces chiffres bruts déjà impressionnants, on peut constater l'omniprésence de ces services et pas seulement sur le Web mais également dans la vie quotidienne "réelle"... On peut désormais voir le signe "like" (le fameux pouce levé bleu) de Facebook ou le moineau de Twitter sur des boites de céréales, à l'accueil d'un aéroport et dans les publicités des magazines papier (pour ne citer que ces exemples, mais en lisant cela, je suis sûr que vous avez pensé à d'autres situations !). Dans les médias, les histoires concernant Facebook ou l'influence grandissante de Twitter sont également de plus en plus fréquentes (à tel point que cela peut même être parfois irritant). Ces éléments récurrents de plus en plus fréquents sont des témoins effectifs de l'importance et de l'influence qu'ont réussi à rassembler ces services en seulement quelques années. Sans parler de leurs mérites effectifs, on ne peut nier que ces services connaissent un immense succès.

LES RÉSEAUX SOCIAUX, ÇA VOUS PARLE ?

2005

Réseaux quoi ?

2013

Attendez, je tweet là...

QUENTIN LEFEBVRE
mars 2013

2- PIQÛRE DE RAPPEL : RETOUR RAPIDE SUR L'HISTORIQUE ET LA JUSTIFICATION DES SERVICES DE RÉSEAUX SOCIAUX...

Les bases théoriques

Ce qu'on appelle abusivement "réseaux sociaux" dans le langage courant devrait plutôt être appelé "logiciels sociaux". Car les réseaux sociaux, fondamentalement, ce sont les liens que nous tissons avec nos proches, nos relations professionnelles ou amicales.

> « Nous définissons les sites de réseau social comme des services en ligne permettant aux individus de se construire un profil public ou semi-public dans un système limité, d'établir une liste d'autres utilisateurs avec qui ils ont un lien, de voir et de croiser leurs listes de liens (connections) avec celles d'autres personnes dans leur système. La nature et la nomenclature de ces liens peut varier selon les sites » (D. Boyd et N. Ellison, 2007, http://jcmc.indiana.edu/vol13/issue1/boyd.ellison.html).

Le véritable inventeur de l'expression "réseaux sociaux" est le sociologue John Barnes. Ce dernier publie en 1954 un article dans "Human Relations" où il analyse l'organisation sociale des habitants de Bremmes, une petite ville de 4 600 habitants située sur une île de la côte ouest de la Norvège. Cet article est devenu un classique et va avoir une grande influence sur son domaine. Barnes écrivait : « quand deux personnes se rencontrent pour la première fois, il est rare dans la société moderne qu'elles découvrent qu'elles ont un grand nombre d'amis communs, et quand cela se produit, le fait est considéré comme exceptionnel et mémorable ».

Stanley Milgram (un psychosociologue, contemporain de Barnes) a voulu savoir ce qu'il en était réellement en élaborant une expérience destinée à évaluer l'existence et la longueur des chaînes de relations entre des individus quelconques au sein d'une société de grande taille. Pour cette expérience, un agent de change de Boston a été choisi comme « individu cible » et trois groupes de départ d'une centaine de personnes chacun ont été constitués aléatoirement. Sur les 296 individus sélectionnés, 217 ont accepté de participer à l'expérience qui consistait à faire parvenir un dossier vers la cible. Chacun devait poster le dossier à une connaissance qui serait susceptible de relayer l'envoi. Finalement, 64 dossiers sont arrivés jusqu'à l'agent de change de Boston avec une moyenne de 5,2 relais intermédiaires.

C'est à partir de cette expérience qu'est née la théorie "it's a small world" (proposée en 1967) où le docteur Milgram nous explique qu'il est très facile de prendre contact avec la personnalité de votre choix même si elle paraît inaccessible (aujourd'hui, on dirait Bill Gates, Brad Pitt ou Michael Schumacher...). Il suffirait pour cela de moins de 6 intermédiaires au maximum. Les réseaux sociaux seraient donc une illustration concrète du proverbe "les amis de mes amis sont mes amis".

En 2011, Facebook et l'université de Milan ont mis à l'épreuve cette théorie et ont publié une étude qui semble confirmer que le nombre de degrés de séparation entre les utilisateurs (de Facebook, of course!) se situerait plutôt entre 4 et 5 plutôt que 6 (voir à https://

www.facebook.com/notes/facebook-data-team/anatomy-of-
%20facebook/10150388519243859).

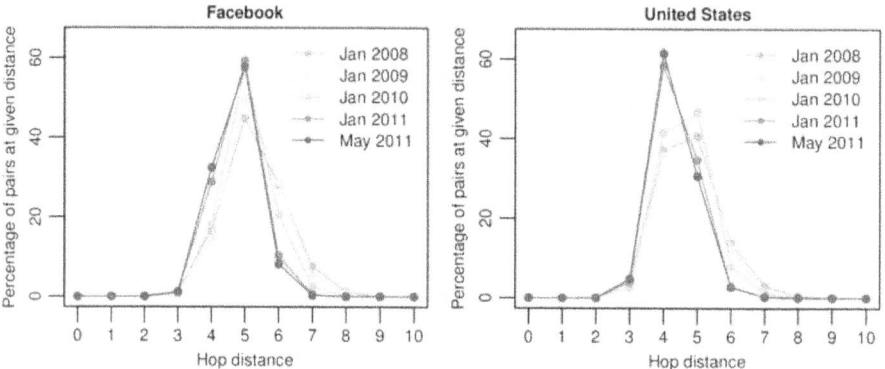

Des logiciels sociaux aux services de réseaux sociaux

L'histoire récente de l'évolution de l'Internet nous ramène toujours à la même constante : « People are the killer app of the
Internet... » (les gens sont l'application principale de l'Internet)
ainsi que l'explique fort bien Yossi Vardi de ICQ (Yossi Vardi est le
père d'Arik Vardi, fondateur, avec quelques amis étudiants, de la
société Mirabilis qui a lancé ICQ, un des premier logiciel de messagerie instantanée, ICQ qui voulait dire "I seek you" -je te cherche-
a eu son heure de gloire à la fin des années 90, voir à https://
fr.wikipedia.org/wiki/ICQ). C'est la tendance lourde de l'Internet
2.0. Après avoir servi à accéder aux choses (documents publiés sur
le Web, produits de consommation à vendre, etc.), le Net est désormais vu comme un outil permettant de relier les gens et cette
évolution est inscrite dans les gènes de l'Internet depuis le premier
jour. Depuis les forums Usenet jusqu'aux Yahoo Groups en passant
par les mailings lists, la création de lien social numérique a toujours été le moteur du développement d'Internet.

Quand il fut possible de répondre et d'envoyer des emails à des
groupes entiers, il devint également possible de lancer des discussions ad hoc. À partir de ce moment, toutes sortes de *chat rooms*,
de forums, de listes d'amis, de salles des ventes, ajoutèrent de nouvelles manières de former des groupes "en ligne".

Les applications de communication et d'échange se sont multipliées sur l'Internet avec tout d'abord l'e-mail puis les forums Usenet et les "chat rooms" de l'IRC (*Internet Relay Chat* ou IRC -en français, discussion relayée par Internet- est un protocole de communication textuelle sur Internet, voir à https://fr.wikipedia.org/wiki/Internet_Relay_Chat) ou des services comme AOL. Même le Web, d'abord considéré comme une plate-forme de publication, n'a pas échappé aux applications d'échanges entre les utilisateurs avec les sites communautaires dont Slashdot peut être considéré comme un archétype. Plus récemment, le succès écrasant du SMS sur le WAP prouvait à nouveau que le besoin de communiquer à distance, même pauvrement, l'emporte largement sur celui d'accéder à des contenus (WAP : Wireless Application Protocol, un protocole de communication permettant à un téléphone mobile d'accéder à l'Internet. Wikipedia : http://fr.wikipedia.org/wiki/Wireless_Application_Protocol).

Un autre exemple plus récent : les blogs que l'on pourrait classer parmi les outils de publication. Sauf qu'ils sont dotés d'une fonctionnalité de commentaire par les lecteurs, ouvrant ainsi la possibilité d'échanges intéressants. Un commentaire peut être signé (nom ou pseudo) par son auteur qui peut aussi renseigner son adresse Web (celle de son blog) ou son adresse email. Cette fonction change tout et les blogs doivent également être considérés comme des "logiciels sociaux" et non plus seulement comme de "simples" outils de publication.

Tous ces exemples pouvaient donc être rangés dans la catégorie "logiciels sociaux" puisque leur principale fonction était bien basée sur l'échange (de différentes façons) entre les utilisateurs. Pourtant, même en considérant que l'email et les forums Usenet étaient les précurseurs des logiciels sociaux (et l'email est toujours le plus utilisé de tous !), ce n'est que tout dernièrement que le rôle "social" de l'Internet est vraiment apparu avec précision grâce à des services comme Friendster puis MySpace et enfin Facebook.

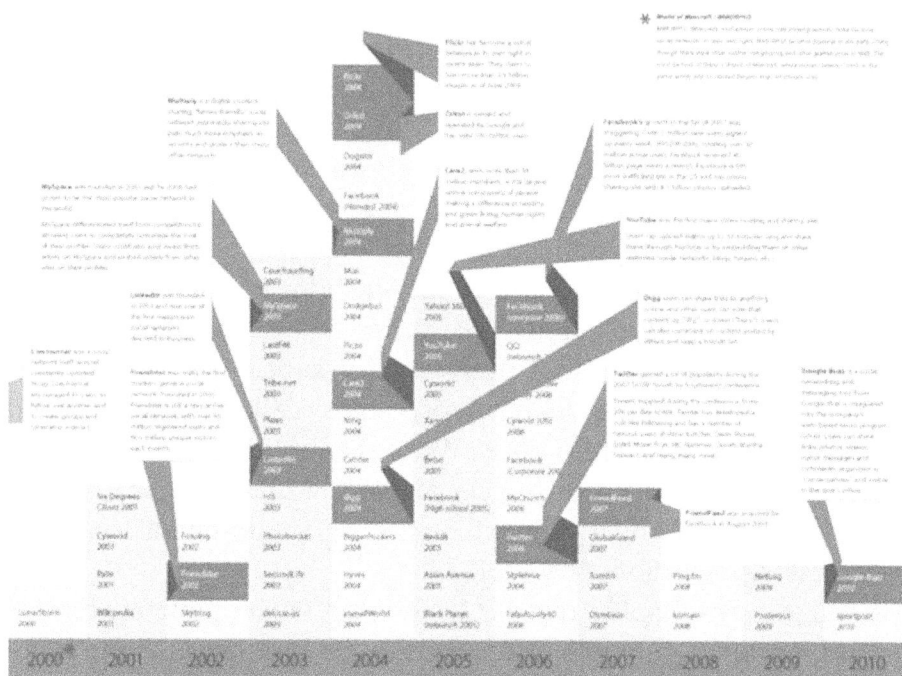

Les services de réseaux sociaux en tout genre se sont multipliés depuis 2000 et on voit sur ce graphique que la pointe a été atteinte en 2004...

Retour sur un passé récent : de Friendster à Facebook.

Avant d'en faire l'historique, voyons déjà comment on peut définir, a minima, ce que permet un service de réseau social...

D'après Danah Boyd et Nicole Ellison, les services de réseaux sociaux se définissent comme étant des services web qui permettent aux individus :

1.   de construire un profil public ou semi-public dans le cadre d'un système délimité,

2.   d'organiser une liste de contacts pointant vers d'autres utilisateurs avec lesquels ils partagent des relations,

3.   de voir et de croiser leurs listes de relations et celles créées par d'autres à travers le système.

C'est dans le profil et l'organisation des connexions entre utilisateurs que les services de réseaux sociaux ont vraiment innové par rapport aux logiciels sociaux plus traditionnels. Par la suite, un autre critère s'est ajouté : la facilité de partage de contenus entre

utilisateurs. Je remarque une page avec un article intéressant ?
Hop, je publie aussitôt son adresse sur mon "mur" afin de la partager avec mes "amis"... J'ai pris une photo de ma nouvelle moto ?
Clac, je la télécharge immédiatement sur tel site afin que mes
connaissances puissent commenter ma dernière folie... Et ainsi de
suite jusqu'à considérer que ces contenus téléchargés et partagés
constituent l'essentiel du site et même ont même un nom : *user
generated content.*

Donc, à l'origine, le service de réseau social repose sur le principe
d'un Web collaboratif né de ce que l'on a appelé le Web 2.0. Ainsi
des individus collaborent à la production d'un contenu mutualisé.
L'un des meilleurs exemples actuels est sans conteste Wikipedia,
l'encyclopédie libre. Son succès réside dans son unicité (ou sa centralisation).

A contrario, les multiples initiatives personnelles (impliquant des
écrivains, journalistes, autodidactes, etc.) conduisant à produire
leurs propres contenus sous formes variées (blogs, sites Web,
newsgroup, etc.) ont principalement abouti à un formidable fractionnement des données et à une dilution des publications. Au
final, cela a débouché sur une visibilité réduite de ces créations et
ce en dépit de la puissance des moteurs de recherche actuels.

Affinons le principe de Pareto !
Ici, nous allons introduire une nouvelle notion : la loi des 1-9-90.
Cette "loi" est semblable au fameux "principe de Pareto" mieux
connu comme la loi des 80/20 (par exemple, 80 % du temps
disponible est consommé par 20 % de la tâche à accomplir, la partie la plus complexe ou la plus difficile, le reste filant tout seul).
Désormais, nous allons utiliser cette nouvelle loi pour mieux comprendre comment fonctionne le Web 2.0...

Intuitivement, on pourrait dire que la répartition entre créatifs
(ceux qui font le contenu) et consultants (ceux qui le consom-
ment) répond à l'habituelle loi des 80/20 (20 % qui produisent
du contenu et 80 % qui le consultent) car cette répartition nous
est familière. Mais dans le même temps, on sent bien qu'elle est
trop imprécise. En vérité, nous étions plutôt en présence de seule-

ment 1 % de création et 99 % de consultation (une situation qui a prévalu durant la période où le Web 1.0 était le seul disponible). Avec le Web 2.0, nous sommes désormais passés à un système plus complexe de type 1-9-90 (formule pivot que nous allons utiliser régulièrement) avec toujours 1 % de création, 9 % de contribution participative et 90 % de consultation (répartition propre au Web 2.0). Et cette fois, au contraire du fractionnement dû à la multiplicité des blogs (et autres supports), nous avons une certaine centralisation (avec les avantages que cela apporte : moins de dilution et donc plus de visibilité) car les services de réseaux sociaux sont moins nombreux.

Revenons à notre historique : le pionnier des sites de ce nouveau genre est SixDegrees.com lancé en 1997. Certes, bien d'autres services proposaient soit un profil détaillé (sites de rencontres) soit des listes d'amis (logiciels de messagerie instantanée) mais de l'avis général, c'est bien SixDegrees.com qui est le premier à avoir rassemblé en un tout cohérent ces deux critères. Pourtant ce pionnier ne va pas connaître un vrai succès et va fermer en 2000. Juste après ce "faux départ", la vague des réseaux sociaux va rester relativement discrète même si, rétrospectivement, on peut pointer quelques initiatives intéressantes ça et là (comme le site coréen CyWorld qui démarra en 1999 et intégrait les fonctions typiques des réseaux sociaux dès 2001).

Même si les services pionniers sont bien plus anciens, c'est bien Friendster.com qui a lancé le mouvement (en 2002). Friendster a défrayé la chronique en 2003 en rassemblant très vite une masse spectaculaire d'inscrits (près de cinq millions). L'histoire de la création de Friendster repose sur une légende, tout comme celle d'Ebay. Dans le cas d'Ebay, la légende veut que Pierre Omidyar ait créé ce service pour aider sa femme à collectionner les distributeurs de bonbons Pez. Le même type de légende prétend que c'est parce que sa petite amie venait de le quitter que Jonathan Abrams s'est lancé dans la réalisation de Friendster.

En fait, Jonathan Abrams connaissait les sites de rencontres comme Match.com, lancé en 1995 (qui a atteint véritablement son "point d'inflexion" en 2002 au moment où Meetic était lancé à son tour) mais voulait réaliser quelque chose qui soit à mi-chemin entre le site de "dating" et le site communautaire de discussion en ligne comme il y en a tant. Il a donc mis le focus sur la notion de "rencontrer des nouveaux amis grâce à ses amis actuels" et c'est donc lui qui a popularisé la notion d'exploitation directe de son réseau de connaissances.

Jonathan Abrams a aussi eu la bonne idée de soigner la facilité d'utilisation du site afin que, pour reprendre ses propres termes : « une jeune femme de 25 ans travaillant chez Starbucks dans l'Idaho soit capable de s'en servir. »

À partir d'octobre 2003, Friendster a pu lever de l'argent auprès des "venture capitalists" et le mouvement était lancé : une nouvelle frénésie est apparue et de nombreux imitateurs ont suivi le mouvement.

Friendster explose en vol !

Mais en 2004, Friendster a "explosé en vol" pour ainsi dire... Que s'est-il passé ?

Alors que Friendster avait tout en main pour devenir un service majeur, son évolution fonctionnelle s'est complètement figée pendant l'année 2004. Pendant toute cette année, l'équipe technique du service a lutté pour consolider l'infrastructure du site afin de "tenir la charge". Pour finir, de guerre lasse, Friendster a abandonné Java pour passer sur l'architecture LAMP (basée sur Linux, MySQL, Apache et PHP) plus à même de supporter le volume des transactions provoquées par les inscrits. Cette année de complet surplace a été fatale à la dynamique du service.

En plus de cette absence d'évolution et des interruptions fréquentes du service, le comportement de la direction de Friendster est aussi pour beaucoup dans le déclin du service (qui a été presque aussi rapide que son ascension) : le conseil d'administration refusait les offres de rachat les plus intéressantes persuadé qu'il était désormais dans une position lui permettant de lutter à armes égales avec les géants de l'Internet comme Google et Yahoo !

Pendant que le conseil d'administration rêvait à des plans de conquêtes chimériques, la direction opérationnelle se battait pour assurer la continuité du service… Avec une certaine maladresse !

En effet, pour compenser la faiblesse de fiabilité de l'application Friendster, l'équipe d'exploitation tentait de réduire la consommation de ressources des utilisateurs les plus actifs en réduisant leurs possibilités… Provoquant ainsi la fuite de ces inscrits qui étaient aussi les plus influents.

Bref, avec une image de plus en plus abîmée par des gaffes et des décisions autoritaires, Friensster est vite devenu un endroit "has been" après avoir été une destination "cool", tout ça en moins de deux ans !

C'est MySpace qui va prendre cette place tout chaude…

MySpace, le nouveau MTV

MySpace a connu un premier lancement et un premier échec en 2001 (c'était alors un service de stockage de fichiers sur l'Internet). Le site repart en août 2003 avec une nouvelle formule imaginée par Tom Anderson.

MySpace.com a rapidement détrôné et supplanté Friendster durant la période mi-2004/mi-2005 en proposant une thématique chère au cœur des 16/25 ans : la musique. Sur MySpace, les groupes peuvent publier leurs dates de tournées, poster des échantillons de leurs albums et correspondre directement avec leurs fans par la messagerie. Ce positionnement providentiel est en partie arrivé par accident : Tom Anderson s'est aperçu que des groupes de musique de rock de Los Angeles utilisaient MySpace pour faire leur promotion et annoncer leurs dates de concert. Plutôt que de chasser ces indésirables comme l'aurait fait Jonathan Abrams (fondateur de Friendster), Tom a pris contact avec ces groupes afin de voir comment il pouvait les aider… De fil en aiguille, MySpace est ainsi devenu le point de chute des "réfugiés de Friendster".

Les groupes de musique ne furent évidemment pas la seule source de croissance de MySpace mais la relation privilégiée entre les groupes et leurs fans aida beaucoup MySpace à recruter au-delà du cercle des "déçus de Friendster".

Le succès de MySpace a été tel qu'il a fait figure de phénomène de société. Aux USA, les analystes comparaient le phénomène My-Space à celui de MTV dix ans plus tôt. Dans le milieu de l'Internet, la popularité soudaine de MySpace en a surpris plus d'un.

Si la plupart des gens de plus de 30 ans n'avaient jamais entendu parler de ce service jusqu'en 2006, il connaissait déjà une croissance importante début 2005. En août 2006, MySpace affichait plus de 100 millions de comptes utilisateurs et ce chiffre montait à 300 millions en février 2008. Les médias français ont découvert MySpace au moment où il a été racheté par News Corp (la maison mère de Fox News...) en juillet 2005 pour $580 M. Au moment de la transaction, MySpace affichait 22 millions d'utilisateurs inscrits. Tout d'un coup, une multitude de gens (et pas seulement des adolescents) se sont mis à ouvrir un compte sur MySpace et à y personnaliser des pages. Ce service qui était surtout destiné aux fans de musique devenait ensuite un passage obligé pour pouvoir prendre contact avec des personnes influentes telles que des écrivains ou des journalistes.

Facebook, la poussée finale

Autant la croissance et la popularité de MySpace ont pu être considérées comme des phénomènes principalement liés à l'usage intensif de l'Internet fait par les jeunes, autant l'émergence fulgurante de Facebook à la suite de MySpace a fini de balayer les derniers doutes : le phénomène était énorme et tout le monde était concerné.

L'histoire de Facebook est connue. Le site, lancé par Mark Zukerberg, a débuté sa trajectoire relativement discrètement sous le nom de "thefacebook" en février 2004. D'abord réservé aux étudiants d'Harvard (la vérification de la provenance de l'inscription se faisait par l'adresse email utilisée...), le site a rassemblé l'inscription de 6000 étudiants lors des trois premières semaines qui ont suivi son lancement. Très vite, l'audience du site fut élargie au-delà de Harvard (en avril 2004, le site acceptait les inscriptions des étudiants de la "Ivy League") et se mit à couvrir toutes les universités américaines. À la fin de l'année 2004, thefacebook rassemblait déjà un million d'utilisateurs.

En mai 2005, la petite équipe autour de Mark Zukerberg arrivait à lever $12,8 millions auprès de Accel Partners et rachetait dans la foulée le nom de domaine facebook.com à la société Aboutface pour $200 000. En avril 2006, l'équipe reçut $25 millions de plus d'un groupe d'investisseurs et refusa plusieurs offres de rachat. En septembre 2006, l'inscription fut ouverte à tous les utilisateurs de l'Internet, la restriction aux écoles et universités tombait enfin (mais pas sans protestation de la part des communautés d'origine !).

En mai 2007, Facebook s'enrichit d'une interface de programmation permettant d'enrichir l'interface et les possibilités du service avec des applications extérieures. Grâce à cette ouverture, la popularité du site et son audience explosèrent brusquement. Alors que le site était connu pour son ciblage des étudiants, le service devenait tout d'un coup une plate-forme programmable et déclencha la ruée des développeurs tiers avides de profiter de sa popularité naissante. Ce mouvement entraîna un phénomène de bouche-à-oreille très puissant.

C'est ce dernier virage qui a achevé de pousser Facebook sur le devant de la scène. En janvier 2008, le site affichait 60 millions d'utilisateurs actifs.

Pourquoi Facebook a-t-il supplanté MySpace ?

Il faut se souvenir qu'en 2005/2006, MySpace bénéficie d'une vraie situation dominante : c'était une success-story incroyable !

Friendster s'est autoéliminé en se tirant une série de balles dans le pied mais MySpace a su récupérer la balle au bond avec maestria.

Alors, que s'est-il passé pour qu'ensuite Facebook laisse sur place MySpace ?

MySpace aurait-il fait les mêmes erreurs que Friendster, permettant à Facebook de récupérer la place sans effort ?

Non, pas cette fois. Facebook a gagné la partie grâce à une application mieux réalisée et mieux pensée. La différence s'est faite sur les trois points suivants :

1. Des profils plus homogènes,

2. Le "live feed" apportait une actualité et un lien permanent entre les profils,

3. FB est plus qu'une application, c'est également une plateforme.

Voyons cela en détail...

1- Des profils plus homogènes

MySpace permettait la personnalisation des profils et par rapport à la rigidité de Friendster, ça paraissait une vraie bonne idée... Mais cet avantage s'est retourné contre le service au fur et à mesure qu'on s'est rendu compte que cette diversité nuisait à la cohésion globale de l'application. Finalement, en parcourant les pages MySpace, vous n'aviez pas vraiment l'impression qu'il s'agissait de la même application et donc l'image du service en était diminuée. De plus, une grande part de ses "personnalisations" était de piètre qualité... Résultat, on était confronté à un effet "blog bas de gamme" qui n'était vraiment pas heureux et une fois de plus, au détriment de l'image du service. Facebook, au contraire, ne permet pas de fantaisie au niveau de l'apparence des profils mais cela ne semble pas gêner les utilisateurs. Certains ont cru que c'était cette liberté de personnalisation qui aurait favorisé la fuite des utilisateurs de Friendster vers MySpace mais il n'en était rien : c'est la disponibilité de Friendster qui était en cause, pas autre chose.

Facebook a su éviter cette erreur en offrant toujours un bon niveau de performance et de disponibilité de son service et ça dès le début. De plus, les profils homogènes contribuent à la cohésion et à l'image forte du service.

2- L'intérêt du "Live Feed"...

Le live feed occupe l'espace central de la page principale : c'est là que s'affiche l'actualité des gens avec qui vous êtes connectés (ou des pages que vous avez "aimées"...). Cette fonction astucieuse permet de voir sans effort quelles sont les nouveautés (statuts, contenus partagés, etc.) des profils que vous suivez. Ce renouvellement permanent participe grandement à l'animation du site et vous incite à interagir avec les profils les plus actifs.

3- Facebook ou l'effet plateforme

Très rapidement (2007), Facebook a ouvert son application aux développeurs afin que ceux-ci puissent y proposer des extensions qui sont en fait des mini-applications s'exécutant dans l'environnement de Facebook et en s'appuyant sur une partie de ses ressources. Là encore, l'effet d'entraînement a été considérable : les mini-applications augmentaient "l'offre" de Facebook bien plus vite et bien plus largement que ce qu'aurait pu faire l'équipe interne.

Cette ouverture de Facebook sur les mini-applications tierces début 2007 a fait couler beaucoup d'encre. Je pense justement que c'est la faculté de développer des mini-applications pour Facebook qui est à l'origine de l'engouement final pour ce service : tous les développeurs qui se sont rués sur cette possibilité (afin de profiter de l'audience déjà large de Facebook) ont contribué à alimenter un "buzz" qui est allé croissant durant tout le premier semestre 2007. C'est ce boost qui a soudainement mis ce service sur orbite.

Cet effet d'entraînement (ouverture de l'environnement d'exploitation à des développeurs extérieurs) est bien connu et s'est vérifié de nombreuses fois dans l'histoire de l'informatique (Windows, iPhone, etc.). Grâce à ces éléments distinctifs, Facebook a décollé, accéléré et a pu laisser MySpace loin derrière en peu de temps.

L'effet de volume

Toutefois, la question réellement intéressante face à la situation actuelle des réseaux sociaux demeure « comment MySpace et Facebook, services résolument grand public, ont-ils pu séduire aussi au-delà de la cible des jeunes et toucher des professionnels qui, forcément, font un usage plus sérieux de ces plates-formes ? »... Il n'y a qu'un facteur qui puisse expliquer cela : l'effet de volume.

En effet, considérées en dehors de leur contexte réel, ces applications n'auraient jamais pu intéresser des adultes d'âge mûr ayant peu de temps à consacrer à des distractions de gamins attardés (je grossis un peu le trait mais vous voyez l'idée...). C'est précisément parce que MySpace et Facebook ont réussi à rassembler des dizaines de millions d'utilisateurs qu'un nombre croissant de cadres et d'hommes d'affaires les utilise, y compris de ce côté-là de l'Atlantique. Et si chacun en faisait une analyse objective, les défauts, impasses et lacunes de ces services les en détourneraient rapidement.

Pourtant, vous l'avez constaté vous aussi, le nombre de ralliés et d'utilisateurs fidèles ne cesse de grandir. C'est donc que la valeur d'usage n'est pas directement liée aux fonctionnalités mêmes de ces plates-formes, qu'il y a forcément « autre chose »... mais quoi ? Tout simplement qu'on y trouve et retrouve une proportion importante des gens que l'on connaît déjà ou que l'on cherche à contacter. C'est ça l'effet de volume évoqué plus haut et le fait est que ça suffit à contrebalancer -largement- les limites de ces applications.

Les raisons du succès : l'effet de levier ou la force des liens faibles...

Toutes vos relations tombent dans l'une de ces deux catégories : les liens forts et les liens faibles. La plupart des gens pensent que les liens forts sont les plus importants dans un réseau relationnel. Pourtant, même si cela va à l'encontre de cette intuition, les études prouvent que les liens faibles sont les plus utiles (et de loin)... Mais alors, comment entretenir un réseau relationnel constitué avec des liens faibles ?

Pour comprendre l'importance et l'intérêt des liens faibles, il faut d'abord en comprendre la nature.

Les liens forts :

Ce sont les membres de votre famille, vos amis proches et vos collègues réguliers (les personnes que vous voyez le plus et avec qui vous avez des rapports directs au travail). Les liens forts sont des relations de long terme et de réciprocité élevée : vous les aidez et ils vous aident (en cas de besoin).

Les liens faibles :

Vos liens faibles sont habituellement de court terme et très contextuels, voire occasionnels : vous avez un échange unique (ou à faible répétition) avec telle personne dans le cadre d'un projet spécifique. Un exemple : vous n'avez qu'un lien faible avec le ou la responsable du courrier au sein de votre organisation. Vous vous adressez à cette personne pour envoyer un paquet important, et le reste du temps, vous n'avez pas (ou peu) d'échange. Votre activité quotidienne ne justifie pas une relation suivie avec cette personne. Du coup, la relation s'éteint souvent avec la conclusion du projet qui avait poussé à la faire naître.

Quelles sont les autres caractéristiques qui distinguent les liens forts des liens faibles ?

- L'âge de la relation : depuis quand connaissez-vous cette personne ?
- La fréquence des contacts et le temps passé ensemble.
- L'attachement émotionnel : un lien affectif se créé pour les gens avec lesquels on échange et travaille souvent.
- La réciprocité et la régularité des actes l'un envers l'autre.
- La nature du lien : même si vous ne voyez pas votre cousin très souvent, il sera plus important à vos yeux que votre voisin en raison du lien familial.

Bien que vos liens faibles puissent vous apporter de grands services, c'est plutôt avec vos liens forts que vous ressentez un sentiment de confort et de sécurité. Les gens valorisent particulièrement leurs liens forts dans ces deux situations : quand il s'agit de recueillir une connaissance complexe. Par exemple, vous commencez un nouveau travail dans une grande structure et votre meilleur allié est le collègue qui va vous apporter un éclairage sur la culture du lieu ainsi que sur les règles écrites et non écrites de l'organisation. Quand vous affrontez des situations de stress, d'incertitude ou de changements profond, votre conjoint et votre famille sont alors des supports indispensables pour faire face à ce challenge. Vos liens forts deviennent vos points d'ancrage.

Pourtant il est essentiel de comprendre que "fort" (dans le sens de "liens forts") ne veut pas dire "meilleur". Fort et faible impliquent seulement des natures de relation dans le cadre de votre réseau de relations.

Très bien mais alors, pourquoi faudrait-il s'intéresser particulièrement à ces liens faibles ?

La plupart des gens pensent intuitivement qu'ils vont obtenir leur prochain job ou leur prochain client grâce à leurs liens forts plutôt qu'au travers d'éventuels liens faibles... Tandis que l'expérience prouve le contraire !

Pourquoi ?

La première explication vient du nombre : les gens ont plus de "connaissances" que d'amis. Mais une version plus subtile milite en faveur du réseau de liens faibles : la nature du flux d'informations véhiculée par vos deux réseaux.

Vos liens faibles sont différents de vous sur au moins deux niveaux :

1. Ce sont des personnes qui travaillent dans des secteurs différents ou qui vivent dans des villes différentes (ou autres différences).

2. Le réseau social de votre lien faible est forcément différent du vôtre.

Par contraste, vos liens forts tendent à vous ressembler et partagent souvent le même réseau social que vous. Vous, votre meilleur ami et vos amis communs formez un petit groupe de poissons nageant ensemble dans le vaste océan de la masse des gens. Et parce que vous passez une majeure partie du temps ensemble, il y a peu de chances qu'une information vraiment nouvelle arrive jusqu'à votre petit groupe par l'un de ces membres.

Alors qu'un lien faible va passer peu de temps avec vous et ainsi aura accès à des informations et à des opportunités complètement différentes. Le mot-clé ici est "diversité". Votre réseau de liens faibles va vous apporter une diversité indispensable à la richesse des informations et opportunités que vous voulez voir remonter jusqu'à vous.

Occupez-vous personnellement de vos liens forts et utilisez un service de réseau social pour accéder à plus de liens faibles...

Dans le domaine de la sociologie, Mark Granovetter a énoncé dès 1973, la théorie de la force des liens faibles. Granovetter explique que « les individus avec qui l'on est faiblement lié ont plus de chances d'évoluer dans des cercles différents et ont donc accès à des informations différentes de celles que l'on reçoit ». Il a également effectué une vérification empirique de sa théorie à travers une enquête sur 300 cadres, techniciens et gestionnaires venant de changer d'emploi.

Première constatation, ces salariés américains ont trouvé plus de nouveaux jobs via leurs relations personnelles que par n'importe quel autre moyen. Seconde constatation, ces relations efficaces sont plus souvent dans le camp des liens faibles que dans celui des liens forts.

Ayant bien compris les implications de cette théorie, tous les spécialistes du relationnel (consultants, coaches, formateurs) s'accordent sur la recommandation suivante : vous devez vous constituer un portefeuille relationnel équilibré comprenant aussi bien des liens forts que des liens faibles. Les liens forts exigent de votre part un investissement en temps conséquent. Ces mêmes spécialistes recommandent de faire cet investissement avec votre famille, vos amis et vos collègues proches, tous ceux que l'on peut inclure dans votre premier cercle.

Votre premier cercle est forcément limité car vous n'avez ni le temps ni l'attention nécessaire pour entretenir un grand nombre de liens forts. D'après Robin Dunbar et Malcom Gladwell, le cerveau humain n'est pas équipé pour maintenir plus de 150 connexions sociales actives à un instant T (ce qui n'est déjà pas mal !).

Même avec les outils de communication modernes (email, smartphone, etc.), il est très difficile d'aller au-delà de la barrière des 150 liens forts. Bien évidemment, vous pouvez trouver dans votre entourage un réseauteur particulièrement actif qui va affirmer être capable d'animer efficacement un réseau de relations bien plus grand. C'est possible mais c'est qu'il n'a pas conscience de la différence entre liens forts et liens faibles.

En fait, ce sont les logiciels sociaux qui permettent de vraiment tirer parti des liens faibles. Ici, vos liens faibles, ce sont les gens qui sont à 2 ou 3 degrés de séparation de vous. Ce sont des gens que vous ne connaissez pas directement mais qui sont relativement faciles à trouver et à contacter grâce à votre premier cercle.

Là où les logiciels sociaux font vraiment la différence, c'est qu'ils vous permettent d'avoir de la visibilité sur votre réseau au-delà de votre premier cercle. Quelle que soit la force de votre réseau, vous ne pouvez le voir qu'à travers son premier degré (les gens qui vous sont directement reliés). Vous ne pouvez pas utiliser votre application de CRM ou votre logiciel d'email pour trouver qui va vous introduire auprès d'une certaine personne. Cette fonctionnalité n'est ni prévue ni possible dans les applications de communication traditionnelle alors qu'elle est au cœur des services de réseaux sociaux. C'est pour cette raison que des personnalités connues dans le milieu économique (et réputées pour connaître "tout le monde", avoir un gros "carnet d'adresses", être de tous les "réseaux qui comptent") se sont inscrites à des services comme LinkedIn ou Facebook : ces bons réseauteurs connaissant la puissance du relationnel veulent profiter de ces nouvelles possibilités.

Les services de réseaux sociaux permettent donc de soulager votre cerveau des tâches et des charges inhérentes au maintien d'un réseau large et par conséquent de profiter pleinement de la "force des liens faibles". Ceci permet d'expliquer "pourquoi ça marche".

Panorama des médias sociaux 2013

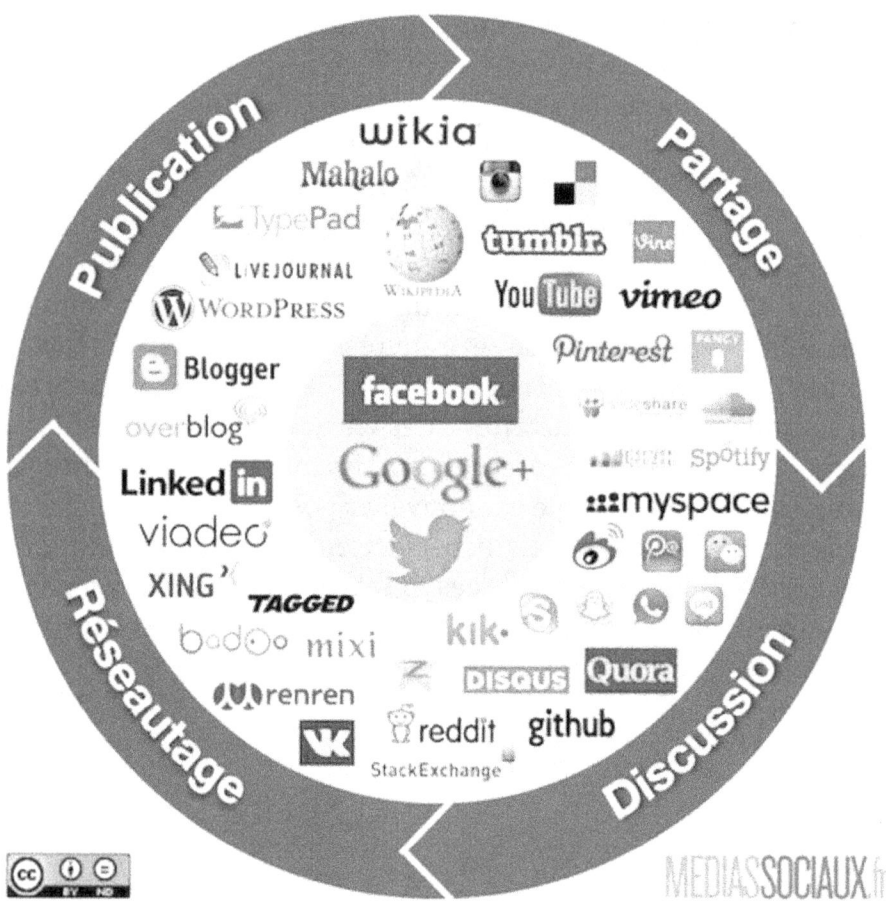

Le panorama des médias sociaux tel qu'il est présenté chaque année par fred Cavazza (ici, la version 2013, source http://www.mediassociaux.fr/2013/04/16/panorama-des-medias-sociaux-2013/). On constate que les services sont nombreux mais seuls quelques-uns comptent vraiment... À vous de choisir lesquels !

3- USAGES : CE QUI ÉTAIT ATTENDU ET CE QUI A SURPRIS

Les utilisations potentielles des services de réseaux sociaux étaient déjà bien connues en 2005. Les années qui ont suivi le développement (important) de ces services n'ont fait que confirmer ce qu'on savait déjà : les réseaux sociaux sont efficaces dans certains domaines et moins dans d'autres.

Pour avoir un témoignage concret de ces usages, quoi de mieux que de demander directement aux utilisateurs ?

C'est dans ce cadre que nous avons mis en ligne un petit sondage, une petite enquête contenant seulement quatre questions (plus on met de questions et moins on a de réponses... Mieux vaut se contenter d'aller à l'essentiel dans ce genre de démarche !). Aucune question n'était "obligatoire" et à chaque fois, on pouvait sélectionner plusieurs réponses... Du coup, nous avons eu un nombre de réponse assez raisonnable au vu des moyens déployés (148 réponses au moment où ces lignes sont rédigées)...

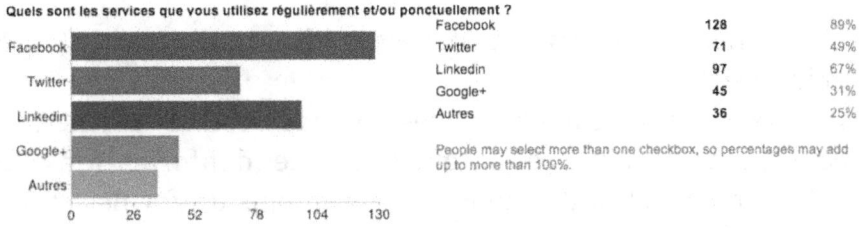

Quels sont les services que vous utilisez régulièrement et/ou ponctuellement ?

Facebook	128	89%
Twitter	71	49%
Linkedin	97	67%
Google+	45	31%
Autres	36	25%

People may select more than one checkbox, so percentages may add up to more than 100%.

Voyons donc ces usages à travers les réponses que nous avons reçues :

1- Reprise de contact avec des anciennes connaissances (81 % des réponses).
Tout d'abord, ce que j'appelle le reconnecting : reprendre contact avec des connaissances perdues de vue depuis longtemps. Pour ça, l'Internet en général et les réseaux sociaux en particulier sont imbattables : si vous vous souvenez du nom de la personne et que cette dernière est inscrite sur Facebook (par exemple), bingo !
Vous l'avez retrouvée et si elle accepte "votre demande de contact", c'est gagné : vous pouvez de nouveau échanger après toutes ces années d'éloignement. Je peux en témoigner : ça marche. J'ai retrouvé ainsi une demi-douzaine de personnes avec qui j'avais perdu le contact depuis plus ou moins longtemps (35 ans pour une !).
Cette fonction est tellement gratifiante que certains services se sont même spécialisés dans cette démarche comme le fameux "copains d'avant". Le petit sondage que nous avons mené nous confirme la popularité de cette fonction utilisée par 81 % des répondants.

2- Garder le contact avec mon cercle d'amis (70 % des réponses).
Alors, une fois qu'on a réussi à reprendre le contact, il vaut mieux éviter de le perdre à nouveau, n'est-ce pas ?
Les services de réseaux sociaux à travers le partage de contenu, le tchat et la messagerie seraient le moyen de maintenir ce précieux contact avec vos cercles d'amis ou au moins, de connaissances. Avec 70 % des réponses, on peut donc affirmer qu'il s'agit là d'une fonction parmi les principales assurées par ces services.

3- M'informer autrement que par les médias traditionnels (14 % des réponses).
Les partages des utilisateurs des médias sociaux permettent effectivement d'avoir accès à d'autres sources d'informations que celles des médias traditionnels de plus en plus uniformes et for-

matés. Cependant, comme il s'agit d'un mouvement de fond qui n'en est encore qu'à ses débuts (quel que soit l'écho que donnent certains milieux à l'influence supposée de Twitter, cela reste encore relativement marginal), cela va prendre du temps avant de réellement impacter nos habitudes de "consommation" en la matière. Seulement 14 % de nos répondants déclarent avoir cet usage.

4- Trouver du travail (quel que soit le travail en question, 16 % des réponses).
Sur les services de réseaux sociaux, on peut trouver du travail, oui. Mais à condition de ne pas "être en recherche" !
Ce n'est pas paradoxal, c'est ainsi que ça fonctionne : les recruteurs, les chasseurs de têtes passent beaucoup de temps à parcourir les profils pour remplir leurs fameux "postes à pourvoir". Ce n'est pas vous qui trouvez mais vous qui êtes trouvé, nuance... Seulement 16 % de réponses positives à cette question selon notre enquête. Et ce n'est pas parce que les répondants avaient une quelconque pudeur à cet endroit (les réponses étaient anonymes et non traçables) mais bien parce que cette utilisation des services de réseaux sociaux, sans être tout à fait inefficace, est tout de même moins évidente et plus délicate à manier que les autres.

5- Trouver des partenaires pour mes activités professionnelles ou de loisirs (34 % des réponses).
Ici, c'est plus subtil et moins délicat que la recherche d'emploi. Que ce soit pour monter un projet ou participer à une aventure sportive, l'appel à partenariat semble mieux fonctionner que la recherche d'emploi pure et dure. Ceci explique aussi pourquoi les services cherchent à regrouper leurs utilisateurs par affinités (comme les "pages" de Facebook) : la découverte d'une proximité autre que géographique va renforcer le caractère utile de ces services et donc inciter à leur usage et aussi, à leur promotion (c'est grâce à "nom-du-service" que j'ai pu trouver des équipiers pour ma traversée de "nom-de-la-mer")...

6- Trouver des sous-traitants ou des intervenants en fonction de mes besoins (14 % des réponses).

On pourrait croire que ce point est très similaire au précédent mais le pourcentage des réponses prouve qu'il n'en est rien : les services de réseaux sociaux ne sont pas encore considérés comme une source "suffisante" pour la sous-traitance et ce qui s'y rattache. Pourtant, si on tient compte du pourcentage de réponses au point suivant (N°7), il semblerait que les utilisateurs considèrent que ces services sont bons pour leur propre publicité mais pas encore assez bons pour que cela marche également dans l'autre sens. Une contradiction apparente qui finira par s'estomper avec le temps.

7- Faire connaître mon activité et/ou ma production (professionnelle et/ou artistique, 50 % des réponses).
Si vous êtes un indépendant ou un artiste, il est très important de faire "rayonner" votre "production" car c'est ainsi que vous trouverez des débouchés. Avec 50 % des réponses, il semble bien que les utilisateurs des services de réseaux sociaux soient en plein accord avec cette nécessité et le fait que ces services participent effectivement au rayonnement…

8- Élargir mon audience et ma notoriété (33 % des réponses).
Là, il ne s'agit pas tout à fait de la même chose que le point précédent (N°7). Même sans être un artiste ou un indépendant, vous pouvez avoir intérêt à développer votre audience et votre notoriété car cela a une influence directe sur votre "valeur marchande" au sein de votre organisation. Les blogs et les services de réseaux sociaux peuvent être utiles dans cette perspective mais cela nécessite un travail de fond non négligeable. Nous y reviendrons plus tard.

9- Flatter mon ego et faire progresser mon estime de soi (15 % des réponses).
Encore moins "politiquement correct" que le précédent, ce point récolte pourtant 15 % des réponses, preuve s'il en était que les gens sont honnêtes, au moins quand l'anonymat est garanti !
Oui, le fameux "ego boost" que peut apporter un profil très consulté va aider certains mais à l'inverse, cette "course au trafic" peut avoir des effets nocifs plus ou moins graves et dommageables. Là aussi, c'est un point que nous développerons au chapitre cinq.

10- Élargir mon cercle de connaissances professionnelles utiles (48 % des réponses).

Contrairement à une idée reçue très répandue en 2005, les services de réseaux sociaux ne sont pas tant que cela dépendants de "ce besoin de rencontre" hypothétique... Même si les réponses sont encore importantes sur ce point (48 % tout de même), il s'agit plus d'un besoin perçu que d'un besoin réel et vérifié. Le cercle de connaissances professionnelles utiles doit servir à remplir les buts des points 4, 5, 6 et 7 ou sinon, il n'est qu'un carnet d'adresses illusoires.

11- Élargir mon cercle d'ami(e)s sincères (12 % des réponses).

En plus d'être honnêtes, nos répondants sont également lucides !

En effet, les amis sincères ne peuvent pas être et rester virtuels (beaucoup de jeunes ne seront sans doute pas d'accord en lisant ceci et j'aimerais qu'ils aient raison, franchement...). On peut nouer des relations sur Internet (liens faibles) qui, ensuite, deviennent profondes et sincères (liens forts). Mais cela demande, le plus souvent, un prolongement qui va au-delà d'échanges électroniques.

12- Découvrir des domaines jusque-là inconnus (25 % des réponses).

Il est assez surprenant que cette option ne récolte que 25 % des réponses (ce qui reste tout de même significatif). En effet, les services de réseaux sociaux, tout comme l'Internet d'une façon encore plus large, donnent l'occasion à une myriade de microcosmes de se faire connaître et remarquer des utilisateurs qui pourraient être intéressés. Une fois de plus, l'effet de levier permis par ces services (le fait que les recherches portent sur des millions de pages et de profils) ouvre grand les portes de la découverte et je gage que ce phénomène est encore sous-estimé dans sa portée comme dans son usage.

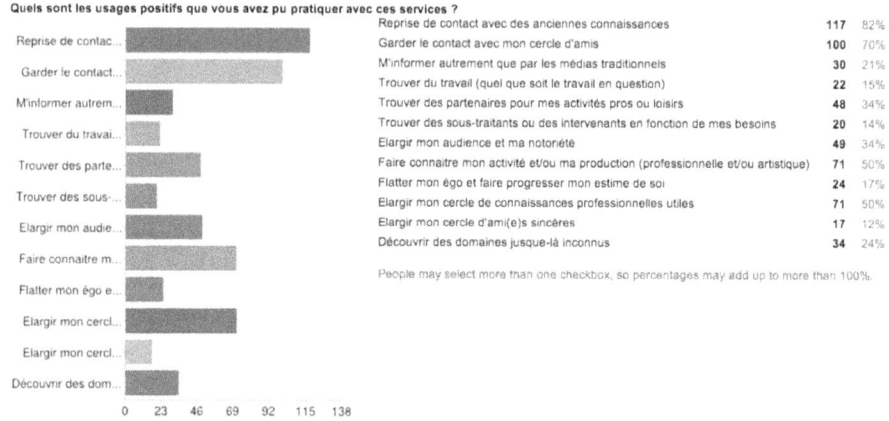

Quels sont les usages positifs que vous avez pu pratiquer avec ces services ?

Reprise de contact avec des anciennes connaissances	117	82%
Garder le contact avec mon cercle d'amis	100	70%
M'informer autrement que par les médias traditionnels	30	21%
Trouver du travail (quel que soit le travail en question)	22	15%
Trouver des partenaires pour mes activités pros ou loisirs	48	34%
Trouver des sous-traitants ou des intervenants en fonction de mes besoins	20	14%
Elargir mon audience et ma notoriété	49	34%
Faire connaitre mon activité et/ou ma production (professionnelle et/ou artistique)	71	50%
Flatter mon égo et faire progresser mon estime de soi	24	17%
Elargir mon cercle de connaissances professionnelles utiles	71	50%
Elargir mon cercle d'ami(e)s sincères	17	12%
Découvrir des domaines jusque-là inconnus	34	24%

People may select more than one checkbox, so percentages may add up to more than 100%.

Avec les douze points que nous venons de lister, nous avons passé en revue les besoins les plus visibles et les plus acceptables rendus possibles par ces services. Maintenant, voyons les usages non-avoués mais bien visibles et qui représentent une grande partie (si ce n'est la plus grande partie) de l'usage de ces services...

En fait, il y en a principalement deux : la fonction phatique et la fonction ludique.

1- La fonction phatique : maintenir le contact avec autrui de façon légère voire superficielle.

En linguistique, la **fonction phatique** d'un énoncé est le rôle que joue cet énoncé dans l'interaction sociale entre le locuteur et le destinataire, par opposition à l'information effectivement contenue dans le message. Un énoncé phatique sert souvent à assurer que la communication "passe" bien, par exemple, lorsqu'un orateur demande : « Vous me suivez ? »

La notion de *fonction phatique* a été définie par Roman Jakobson comme l'une des cinq grandes fonctions du langage : « Il y a des messages qui servent essentiellement à établir, prolonger ou interrompre la communication, à vérifier que le circuit fonctionne (« Allô, vous m'entendez ? »), à attirer l'attention de l'interlocuteur ou à s'assurer qu'elle ne se relâche pas... ».

2- La fonction ludique : elle est encouragée par les services qui cherchent à vous garder en ligne le plus longtemps possible. Le succès d'un jeu comme "Angry Birds" en est un des exemples les plus visibles mais loin d'être unique.

N'oublions pas les motivations !

Pour mieux comprendre les différents types d'usages, il faut aussi se pencher sur les différents profils des utilisateurs qui ont rejoint les réseaux sociaux. En gros, on distingue au moins deux grandes populations : ceux qui ont eu une démarche proactive et ceux qui se sont contentés de suivre le mouvement.

Parmi les premiers, on retrouve les "réseauteurs", c'est-à-dire ceux qui sont persuadés de la nécessité d'un réseau de connaissances pour leur efficacité professionnelle. Pour cette population, des théories comme "la force des liens faibles" ou "les six degrés de séparation" ont tout leur sens. Celles et ceux qui se contentent de suivre le mouvement se sont inscrits sur Facebook (pour ne prendre que le plus connu) tout simplement parce que leurs proches y étaient déjà et ont donc répondu à une forme de "pression sociale" banale mais très puissante : la pulsion d'intégration.

Conformisme et pulsion d'intégration

Il suffit de regarder autour de soi pour se rendre compte que le conformisme est un comportement très répandu. Mais on est en droit de se poser la question : pourquoi les gens sont-ils conformistes ?

Pourquoi font-ils tous plus ou moins la même chose, s'habillent-ils de la même façon, habitent-ils dans les mêmes conditions et ainsi de suite ?

Non parce que l'offre est uniforme ou parce qu'on « ne pourrait faire autrement »... Mais bien par instinct !

La terrible vérité sur le conformisme, c'est qu'elle est simplement un sous-produit de la pulsion d'intégration... Eh oui.

Pour comprendre notre société moderne et le comportement désolant de l'immense majorité de nos contemporains, il est indispensable de connaître les ressorts de la pulsion d'intégration. Je vais vous l'expliquer *hic et nunc* :

L'homme est un animal social par nécessité car c'est ainsi qu'il est le plus performant. Tout seul, il ne fait pas grand-chose de grandiose : il se retrouve vite vêtu de peaux de bêtes dans une caverne sombre et puis c'est tout… Essayez donc d'assumer le mode de vie autarcique qu'implique le vrai individualisme : vous n'allez pas résister longtemps face à la difficulté de l'exercice !

Alors qu'en groupe, les individus peuvent se répartir les multiples tâches par goût et/ou par compétence. C'est ainsi que, progressivement, les individus naturellement polyvalents mais médiocrement performants deviennent moins polyvalents mais plus performants… Ils se sont spé-cia-li-sés. Et c'est comme cela qu'on passe en quelques millénaires des cavernes sombres aux concentrations urbaines.

Donc, c'est pour pouvoir se spécialiser et ainsi augmenter son niveau de performance que l'individu rejoint le groupe mais ça ne lui plaît pas. Nécessité fait loi, certes mais pas dans la joie…

Car l'homme est fondamentalement un individualiste. En cela, il ressemble plus à un loup qu'à une abeille ou une fourmi (qui elles sont de vrais êtres sociaux). Notre loup est capable de vivre en meute mais, dès lors, il le fait en vivant dans le stress. Car soit il est le loup dominant (le chef de la meute) et risque d'être renversé à tout moment par un plus jeune et un plus fort, soit il fait partie des dominés et doit obéir au mâle dominant et ce n'est pas toujours une partie de plaisir. Quand le chef de meute est chassé par un plus fort/plus jeune, il devient alors un vieux solitaire qui tente de s'en sortir par ses propres moyens… Mais revenons à nos humains !

L'individu dit "normal" n'aime pas se fondre dans la masse car il se sent alors en compétition avec ses semblables (compétition pour tout : nourriture, espace, etc.). Cette contradiction fondamentale entre sa pulsion individualiste et son adhésion à la vie en société n'est pas sans générer un stress permanent qui peut tourner à la névrose pour certains. Et la culture ainsi que la propagande sont là pour nous conforter dans notre choix en nous serinant qu'il n'y a pas d'alternative… Mais alors, si on n'aime pas cela, pourquoi le fait-on quand même ?

Ou plus exactement, comment se fait-il qu'on arrive à surmonter notre individualisme primaire ?

Oui, c'est là la bonne question ; on passe au-delà de notre instinct de compétition parce qu'il y a un instinct plus fort qui nous y pousse : l'instinct grégaire. Et la pulsion d'intégration est le moteur le plus spectaculaire de cet instinct grégaire.

Ce n'est pas par plaisir que les ados font tant d'efforts pour ressembler aux adultes : ils ne peuvent faire autrement que d'obéir à leur instinct qui leur commande de faire les mêmes erreurs, les mêmes choix, d'adopter les mêmes comportements. La pulsion d'intégration se manifeste tout le temps et partout : c'est ainsi que les femmes portent leurs lunettes dans leurs cheveux. C'est aussi à cause de cette pulsion que tant de gens fument sans même savoir pourquoi et ainsi de suite.

La pulsion d'intégration est un tyran omniprésent qui ne vous laisse aucun répit : il faut que l'individu-candidat-à-rentrer-dans-un-groupe ressemble aux autres par tous les moyens. Pourquoi croyez-vous que les soldats portent un uniforme ?

C'est seulement quand l'individu est admis dans un groupe qu'il peut alors ressentir sa propre existence dans les yeux des autres. Il a alors passé le seuil, la pulsion d'intégration le laisse enfin souffler, il vient de gravir un degré de plus dans la "pyramide de Maslow", il peut enfin passer à autre chose.

La civilisation a toujours organisé ce processus d'intégration de plus en plus en profondeur : de l'école maternelle à la maison de retraite en passant par l'armée, les syndicats, l'église, etc.

La pulsion d'intégration est de plus en plus le mécanisme à prendre en compte pour comprendre les évolutions de la société. Alors qu'on croit que l'individualisme est au sommet, la réalité est que la demande d'intégration n'a jamais été aussi forte, surtout chez les jeunes.

Du coup, la rage de se distinguer qu'on croit discerner chez nos ados ne vient qu'en second une fois sa place trouvée dans le groupe (quel que soit le groupe, l'important est de trouver un groupe où l'on soit accepté et une fois cela acquis, on constate une obéissance aveugle aux règles du groupe, même si elles sont absurdes ou cruelles, comme l'illustre le très bon film "La vague").

La cigarette, un ravage du conformisme !

Penchons-nous sur l'effet addictif de la cigarette pour ensuite le comparer à celui des réseaux sociaux... Et pour ce faire, posons-nous la seule question vraiment intéressante : pourquoi tous ces gens fument-ils ?

Car enfin, il s'agit bien là d'une manie aberrante : ça coûte cher, ça sent mauvais, c'est nocif, c'est sale, bref, cela ne présente aucun avantage. Pourtant, la somme de ces inconvénients ne semble pas rebuter les millions de fumeurs jeunes et moins jeunes, pourquoi donc ?

Toutes les parties concernées par la lutte contre le tabagisme mettent l'accent sur les jeunes. Essayons donc de comprendre pourquoi les jeunes fument-ils si nombreux et si tôt...

Les jeunes en général et les ados en particulier sont très sensibles au facteur intégration. Ils veulent se distinguer de la masse (un peu) mais tout en y ressemblant (beaucoup). Les jeunes sont terriblement moutonniers. C'est pourquoi il est si facile de leur faire suivre une mode, quelle qu'elle soit (nocive, débile, absurde, peu importe pourvu que ce soit "dans le coup").

Dans ce cadre, fumer devient pour eux un "acte social" : on fait comme les autres, on imite ceux qui s'affirment le plus comme des leaders d'opinion, ceux qui ont l'air les plus "cool", les plus "affranchis". Bien évidemment, il s'agit là de conneries lamentables mais allez donc essayer de raisonner des adolescents...

De plus, le jeune voudrait déjà être plus vieux, il souhaite à tout prix ressembler aux adultes ou plus exactement, qu'on le prenne pour un adulte. Alors pour cela, il va imiter les gestes les plus caractéristiques des adultes. Et que voit-il quand il observe les adultes ? Des fumeurs, des légions de fumeurs qui fument sans même savoir pourquoi ils fument. Si tant de gens le font (alors qu'on n'arrête pas de lui dire que c'est mauvais pour lui), pourquoi pas lui ?

Donc si on veut vraiment arrêter la progression du tabagisme chez les jeunes, il faut commencer par couper la source de l'exemple : la consommation de tabac chez les adultes. On a vu pourquoi les jeunes fumaient et cela nous renvoie vers la vraie question : pourquoi les adultes fument-ils ?

Même s'ils répondent que c'est par plaisir, pour se détendre, pour se relaxer (en fait on sait que c'est pour combler une sensation de manque...), la terrible vérité, c'est que la plupart des gens ne savent pas pourquoi ils fument !

En dehors même du problème de l'accroche (bien réelle, les procès récents contre les industriels du tabac ont prouvé que ces derniers favorisaient les facteurs d'accoutumance et de dépendance dans la composition de leurs cigarettes/poisons), il s'avère que les fumeurs allument une cigarette comme mes chats se donnent un coup de langue : à tout propos. Cette (mauvaise) habitude n'est même complètement pas liée à la nécessité de l'absorption de telle ou telle substance (nicotine ou autres) puisque, trop souvent, la cigarette se consume aux bouts de leurs doigts et pas entre leurs lèvres...

Facebook et cigarette, même combat ?
Revenons à nos réseaux sociaux. Même si cela parait provocateur, il n'est pas abusif de comparer l'habitude de fumer à celle de se servir de Facebook sur une base pluri-quotidienne : dans les deux cas, on est en présence de ce qu'on appelle une addiction.

Car la grande majorité des inscrits récents à nos services de réseaux sociaux sont jeunes et doivent être rangés dans la catégorie "suiveurs" plutôt que dans les "réseauteurs" (ce qui ne veut pas dire qu'ils ne vont pas développer une motivation de type "réseauteur" par la suite...). Or cette absence de motivation solide et argumentée qui induit un comportement addictif par la suite permet d'expliquer une grande partie des problèmes identifiés dernièrement dans la consommation des services de réseaux sociaux.

Une évolution significative : de la relation aux contenus
Pour en finir avec les usages, il suffit de se pencher sur l'évolution fonctionnelle des services pour comprendre qu'on est passé d'un usage centré sur les connexions, la mise en relation, à un usage centré sur le partage de contenus... Démonstration !

Si on prend le LinkedIn de 2004/2005 comme point de départ, on constate que la mise en relation est considérée comme la clé de voûte du service et objet de toutes les attentions. Pour établir une connexion avec un autre utilisateur, il faut pouvoir justifier sa demande à travers une série de contraintes : avoir travaillé ensemble (et que les profils soient cohérents avec cette affirmation) et connaître l'adresse email de la personne visée. Sans cela, la demande n'est même pas envoyée…

Les services qui sont nés à cette période s'inspiraient assez largement de ces contraintes jusqu'à les reproduire fidèlement !

Une première évolution significative dans ce domaine arrive avec Facebook. Cette fois, plus de contrainte pour demander une connexion : la demande est envoyée sans avoir de barrière à franchir mais la personne visée reste libre de la refuser, bien sûr.

Avec Twitter, on grimpe encore d'un cran dans le relâchement de la relation : vous pouvez suivre qui vous voulez (encore que, je peux éventuellement vous bloquer…). Certains utilisent un mécanisme de validation des demandes mais ça reste une minorité.

Enfin avec Google +, on atteint le maximum : zéro contrainte, on suit qui on veut, quand on veut et le suivi implique aussi de ranger la personne dans une catégorie (amis, famille, connaissances, etc.) ce qui est tout à la fois logique et pratique.

Donc, on voit qu'à partir d'une position à fortes contraintes, on est passé à zéro contrainte, ce qui traduit un amoindrissement de l'importance de la fonction. Mais dans le même temps, c'est le partage de contenu qui s'est progressivement taillé la part du lion dans ces services. Au point que Twitter vient même d'ajouter des courtes vidéos (6 secondes !) et où le très sérieux LinkedIn ajoute la notion de statut social et de reprise des publications issues de votre blog. Ce glissement n'est pas innocent : seul le partage de contenus justifie de revenir régulièrement sur ces services et c'est donc une évolution naturelle qui devrait s'accentuer encore prochainement.

4- RENCONTRES DU 6ÈME TYPE

Afin de mieux connaître la situation actuelle qui prévaut dans le Web "social", nous sommes allés à la rencontre de son élite, les éléments de référence, ceux qu'on appelle souvent "les influenceurs"...

Qu'ils soient hommes de l'ombre, aux manettes des principaux rouages ou exposés à la lumière, ils ont systématiquement accepté spontanément mes propositions de rencontres.

Ces entretiens sont donc dédiés aux blogueurs référents, ceux qui sont identifiés par leurs vastes communautés de "followers/lecteurs" et par le volume impressionnant de leur publication quotidienne.

Distinguons également deux types de candidats au rôle d'influenceur. Ceux ayant d'ores et déjà cette position : un artiste, une personnalité, un sportif, pour lesquels la constitution de la communauté s'opérera naturellement car il est séduisant de pouvoir se rapprocher de l'être aimé ou apprécié. On identifie aisément ces profils car ils affichent un nombre de suiveurs important et un nombre de suivis très restreint.

Pour les autres c'est une tout autre affaire... C'est principalement la règle du : "Je t'aime et te suis... J'attends en retour ton suivi". La communauté s'équilibre alors plus proportionnellement entre les suivis et les suiveurs.

Nous avons retranscrit ici la plus "colorée" et la plus significative de la demi-douzaine d'entretiens menés (les référents français ne sont pas si nombreux) mais on peut dire sans exagérer que l'ensemble de nos entretiens s'est inscrit dans le même cadre et a donné peu ou prou les mêmes résultats si ce n'est exactement les mêmes réponses. Par charité, nous ne nommerons ici aucun des blogueurs rencontrés, ils se reconnaîtront facilement eux-mêmes !

Un cadre optimisé

Conscient de l'effort consenti par mes hôtes, je m'attache à optimiser au mieux le cadre des entretiens. Pour limiter les stimuli externes, je privilégie le huis clos d'une salle de réunion ou mieux encore, un café "lounge" m'assurant ainsi une distance de sécurité avec l'armada technologique qui les entoure. Seule concession à laquelle je ne peux rien, l'omniprésence d'un smartphone ou d'une tablette pour lesquels il aura préalablement fallu s'assurer d'une connexion disponible à haut débit.

En effet, celui qui se revendique sans l'avouer "influenceur" ne quitte jamais son ou ses greffons connectés. L'inévitable smartphone, prolongation sensorielle, est désormais en mode apparent permanent. Posé sur la table à proximité ou hébergé au creux de la main, l'œil de mon interlocuteur traque inlassablement le moindre signe d'activité. À la première sollicitation, l'homme passe en mode analyse du stimulus reçu.

Dans la majeure partie des cas, on détecte assez rapidement l'addiction du sujet. Plus on est dépendant, plus les stimuli reçus sont considérés comme importants. La moindre sollicitation appelle donc une action immédiate : une réponse construite, un RT (retweet), un succinct MDR ou LOL ou plus simplement un "like".

Pour lui, inutile d'interrompre le mode conversationnel entamé dans le monde réel, la communication numérique s'inscrit elle dans un univers parallèle où l'espace-temps se déroule à un autre rythme, bien plus rapide. Ce sentiment propre aux communicants de la génération "Y" peut paraître déroutant voire inconvenant au premier abord.

Un monologue qui coule tout seul !

Face à cette attitude, je me demande d'abord comment articuler l'entretien :

Quand aborder les questions qui fâchent ?

Comment maintenir leur attention, leur intérêt ?

Au final, l'exercice s'est révélé plus simple que prévu, le flot quasi ininterrompu n'ayant qu'à être canalisé de quelques interventions afin d'orienter la discussion… Ou disons plutôt le monologue…

Car l'influenceur-type est d'abord et avant tout un ultra-communicant !

Véritable moulin à paroles, notre homme fonctionne principalement en sens unique : je parle beaucoup et j'écoute relativement peu. Rompu à l'exercice de la communication restreinte (les 140 caractères de Twitter…), les idées fusent, les sujets s'entrecroisent vite dans un melting-pot intense et multiculturel.

L'hyper communicant est avant tout un boulimique d'informations, réceptacle avide de tout ce qu'il peut ingurgiter. Toujours à la limite de l'indigestion mais c'est afin d'être sûr de ne rien louper…

Une reconnaissance implicite

Je commence alors par tenter de comprendre leur motivation à venir vers moi. Je ne suis à l'évidence pas l'un des leurs avec mes maigres 500 followers Twitters, 548 amis Facebook ou 600 relations LinkedIn. Qu'attendent-ils donc de cette rencontre ?

La curiosité est avancée comme premier facteur, mais très vite le second sentiment, moins avouable spontanément, fait surface : ils sont reconnus comme référents…

Je valide ainsi implicitement leur statut, les flatte de cette réussite. L'idée même d'être un des éléments porteur de la réflexion préalable à l'écriture d'un livre est à elle seule source de satisfaction.

Le décalage avoué de connaissance et maîtrise des réseaux sociaux place mes interlocuteurs dans un sentiment de confiance. Je suis là pour apprendre, tenter de comprendre.

À peine ai-je demandé au premier d'entre eux de me dire ce qu'il pense des réseaux sociaux que celui-ci rentre immédiatement dans le vif du sujet :

« Alors… il y a une réflexion extrêmement intéressante qui date d'avant-hier, publiée par Loic le Meur sur Facebook et dans laquelle il annonce délaisser Twitter au profit de Facebook ! »

Précisons que Loic le Meur, cité par mon convive, est lui aussi un homme très influent à la tête de très nombreuses initiatives et sociétés spécialisées Internet et Web2.0.

À l'issue de notre rendez-vous, je m'empresserai de lire le fameux papier publié par celui-ci, note au sein de laquelle il dresse une liste façon Prévert de ses motivations l'invitant à délaisser Twitter. On y trouve pêle-mêle : « Twitter n'est pas si viral », « Ma mère et de la famille utilisent Facebook alors qu'ils sont peu sur Twitter », « L'application Facebook est plus conviviale ». Puis les choses se gâtent plus franchement avec entre autre : « Ça fait un moment que je ne lis pas vraiment mon flux Twitter, je suis beaucoup trop de gens. C'est de ma faute si, je pouvais en réduire le nombre mais je suis paresseux. »

On y trouve aussi une citation encore plus assassine : « L'écosystème Twitter est presque mort et je suis toujours triste de leur mouvement contre les applications, Je ne me sens pas vraiment excité par Twitter depuis un certain temps... » Cette fois-ci, la messe est dite !

S'il était nécessaire de grossir encore le trait, Loic le Meur ajoute enfin sur ce chapitre : « Nombre de mes amis sont dans le même cas. » Cette démarche n'est donc pas isolée et l'on mesure le poids des mots lorsque pareil influenceur prend parti en son nom tout en y associant la cohorte de ses amis.

Et si, tout simplement cette confession illustrait au mieux le désenchantement que nous anticipons. Serait-ce là l'un des premiers signes concrets, précurseur d'une forme de lassitude ?

Est-elle propre à Twitter ou révélatrice d'un édifice tout entier en train de se fissurer ?

La motivation principale : l'ego

Mais revenons à mon premier entretien. Encore abasourdi par cette première révélation, mon interlocuteur me lance maintenant tout de go « La motivation ?

C'est l'Ego !
Sur Facebook tu gères ton image, ta e-réputation média apparente.
Facebook, c'est très visuel, il y a beaucoup d'images, de documents
mais assez peu de débats. »

Je laisse un bref silence s'installer puis, avant qu'il ne rebondisse
sur une autre thématique, j'embraye par une nouvelle relance :
mais pourquoi y est-il ?
« J'y suis venu par simple hasard, pour partager des photos avec
mes neveux. »

Voici un point commun avec Loic le Meur. Facebook dispose d'une
interface ergonomique et accessible au plus grand nombre pour y
publier des photos ou moments choisis. Puis il ajoute :
« J'y suis surtout venu en 2007 pour raisons professionnelles. J'y
ai noué des contacts aisés car ils existaient déjà sur Facebook et
étaient encore accessibles. C'était l'époque où on acceptait n'importe qui : je rentre du monde, je rentre du monde ! »

On cherche à la fois des contacts ciblés, motivés, répondant à
court ou moyen terme à une motivation professionnelle mais on
cherche aussi à remplir sa besace d'un maximum de contacts...
Mais pourquoi et quel en est l'objectif ?
À ces questions les réponses sont surprenantes :
« moi j'ai dû m'arrêter à 350 parce que, depuis 2 ans, je n'accepte
quasiment plus d'amis... Heu, d'ailleurs, je n'ai même pas de sollicitations, ce qui montre bien que c'est assez limité !
D'ailleurs, j'ai un bon exemple, si on me dit : pour toi, Facebook
c'est quoi ?
Eh bien c'est que finalement mon chien a 1 000 amis sur Facebook
alors que je n'en ai que 300 ! »

Je reste sans voix... Le coup du chien m'a décontenancé !
- Mais 300 amis, cela peut paraître beaucoup !
Combien interagissent réellement et quotidiennement avec toi ?
« euh 10... enfin une dizaine... mais peu importe ! »

Je le relance sur l'Ego en lui notifiant les résultats de notre petite enquête (publiée dans le chapitre 2). Son explication est alambiquée mais semble sincère.

« Tout le monde prétend regarder ARTE alors qu'il ne sont que quelques-uns… Facebook, c'est pareil. Personne n'ose se l'avouer mais nous y sommes tous pour l'ego. Mes enfants, mes amis, nous cherchons tous le "like". D'ailleurs, j'ai une anecdote. Un jour, je rentre de Los Angeles. M'installant dans l'avion, un homme vient vers moi et me dit : Bonjour P. Je vous suis sur Twitter !
Je ne le connaissais même pas !!!
Et tu vois, même au bout du monde, un mec me connaît, c'est dingue ! »

Le fameux like… L'action magique introduite par Facebook et source de toutes les dérives : les gens "likent" n'importe quoi !
À tel point que bien souvent, ils ne lisent même pas le contenu qu'ils marquent ainsi.
On entre alors dans la course à l'exposition, il faut briller comme les stars. Les exemples ne manquent pas, notamment via Youtube (comme Norman ou "Mister V"…). Les cas sont maintenant suffisamment nombreux pour constituer des locomotives puissantes entraînant dans leurs sillages une flopée de créateurs en herbe faisant feu de tous bois pour sortir du lot. D'autant que la promesse de visibilité se double de motivations pécuniaires sonnantes et trébuchantes. Une vidéo dépassant le million de vues sur Youtube devient en effet source de rémunération pour son auteur, le géant Google (propriétaire de Youtube) partageant avec l'auteur les recettes publicitaires liées à cette exposition.
Afin de maintenir et développer sa communauté, il faut donc entretenir un haut niveau d'interactivité. Sur ce point, notre bonhomme reprend la traditionnelle référence au couple :
« Le mariage, c'est tout d'abord la passion puis… s'installe l'habitude, puis vient la lassitude. Sur Facebook ,c'est pareil, tu es obligé de produire : alors tu postes tes photos de vacances, ta piscine (qui n'a rien d'exceptionnel)… et puis un jour, tu lasses et tu n'es plus très intéressant pour ta communauté… »
Un jour tu lasses… Telle est bien là l'appréhension permanente

des nouveaux bateleurs en herbe. Non seulement il faut produire, mais de surcroît, surprendre, se renouveler...

Cette exigence est chronophage bien sûr. Je lui demande donc quel est le niveau de son investissement en temps passé sur ces services : combien de temps passes-tu sur Facebook ?
« J'y passe une à deux fois par jour (comprenez 4 à 5 fois minimum... car depuis le début de notre rencontre du jour, il y est déjà allé au moins 2 à 3 fois !). Je regarde si le "compteur a tourné" (en clair, ai-je des commentaires additionnels à mes propres publications ou sur celles sur lesquelles j'ai contribué). Je regarde le fil d'actualité... souvent il n'y a rien d'intéressant... »

Le bonhomme dégaine alors son smartphone afin d'étayer par l'exemple le sujet du moment. Il fait défiler alors verticalement son mur Facebook à la découverte des nouvelles publications apparues depuis sa dernière visite.
Un premier signe ne trompe pas. Le pouce glisse de bas en haut sur l'écran du smartphone dans un geste maîtrisé mais étonnamment rapide. L'affichage ne perdure pas suffisamment pour qu'une lecture exhaustive puisse avoir lieu. L'analyse s'effectue dans une large diagonale...
« Bah, là, y a pas mal de conneries... Tiens, la photo de vacances de l'autre... M'ouais bon, bah, elle est nulle sa maison... »

Quelques secondes s'écoulent avant que notre homme fasse implicitement le bilan de sa bien maigre récolte. Prenant conscience de l'instant, il balaye alors la situation d'un revers et lance :
« Mais il y a des alternatives : Pinterest, Tumblr, Twitter... Chacun va puiser la où il considère qu'il a le plus de retours ou la meilleure gestion de son image. Il abandonnera alors un pan de Facebook pour une ou plusieurs de ces alternatives. »

Les succès se font et se défont au rythme des effets de modes, des erreurs de positionnement (Cf Chapitre 1), de la médiocrité des contenus publiés. Il appartient alors aux éditeurs d'accompagner les contributeurs avec mille et une recettes facilitant la publication et égayant la lecture. C'est d'ailleurs ainsi que Twitter, LinkedIn, Pinterest ont plus récemment réussi à faire leur trou, cheminant sur différentes veines laissées momentanément vacantes par Facebook ou d'autres.

Interrogeons donc notre blogueur sur sa perception des principaux réseaux qu'il utilise :

« J'utilise LinkedIn pour des raisons pro. C'est plus sérieux, cadré, à la différence de Viadéo… c'est naze !

C'est le réseau des secrétaires !

Non, sans déconner, il n'y a que LinkedIn pour activer des liens qui aboutissent sur du business concret. Facebook c'est plus l'univers de la famille et même si j'ai plus de 300 relations, c'est parce que j'ai commencé par des relations pro au début et que j'ai eu la flemme de faire le ménage. »

- Et Twitter ?

« Twitter ?

C'est très drôle mais dernièrement, Cathy Stanton qui est la patronne internationale de Twitter, a RT (re-teweeté) puis mis en favori l'un de mes tweets où j'expliquais : "Twitter c'est le média des médias !"

Il agrège sur une couche supérieure et c'est ça la force de Twitter aujourd'hui. »

Je relance mon interlocuteur sur la notion de média et lorsque l'on parle de média, il faut une audience. Alors comment construit-on son audience ?

« Au début, j'avais une centaine de followers sur Twitter. En discutant autour de moi, je découvre alors l'achat de followers ou comment générer du follower rapidement en twittant automatiquement tout en donnant l'impression d'une action manuelle. Je fais cela et en quelques semaines, je gagne des centaines de followers. Mais ça poste des trucs que je ne voulais pas poster… C'est le bordel. Je reprends alors le contrôle et republie les infos que je pige sur Internet. Et là, ça marche aussi, je gagne des followers. C'est plus long mais de meilleure qualité. On est toujours dans une forme d'ego mais pas comme Facebook. Là, je ne parle pas de moi mais des informations que je trouve. »

Au détour de l'explication, notre homme nous glisse succincte-ment une pratique somme toute assez courante mais peu enviable, l'acquisition frauduleuse de followers. Ce qui est rare est cher et des petits malins se sont immiscés dans cette brèche et vous ven-dent à des tarifs exorbitants des "suiveurs" plus virtuels qu'autre chose. La pratique n'est pas propre à nos réseaux sociaux et l'on a tous en souvenir telle ou telle conférence où le promoteur s'était assuré un minimum de succès à grands renforts de figurants...

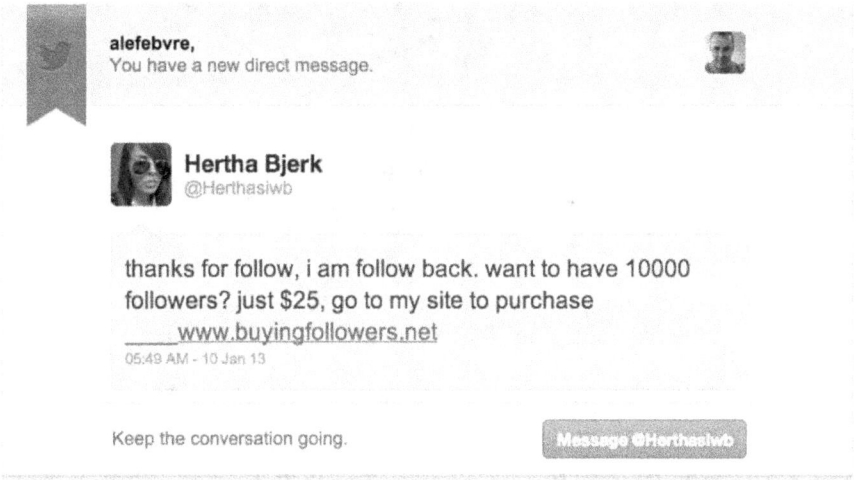

Home   Order

No Password and Without Following Back

10000 Followers	20000 Followers	50000 Followers	100000 Followers
$25	$42	$97	$187
No Password Needed	No Password Needed	No Password Needed	No Password Needed
100% Money Back Guarantee	100% Money Back Guarantee	100% Money Back Guarantee	100% Money Back Guarantee

Les services qui permettent ainsi d'étoffer votre collection de
"suiveurs" sont nombreux et on les trouve facilement...

Le phénomène des achats de "supporters" sur les médias sociaux a pris une telle ampleur que ça finit par être visible
comme le souligne Aref Jdey sur le "blog de la veille" (voir à
http://www.demainlaveille.fr/2013/04/07/le-marche-florissant-
des-faux-comptes-followers-sur-twitter-estime-a-360m/) :

LE MARCHÉ FLORISSANT DES FAUX COMPTES FOLLOWERS
SUR TWITTER ESTIMÉ À 360M$

Le phénomène de l'acquisition de faux comptes followers sur
Twitter n'est pas prêt de s'interrompre. Le marché est d'une
grande attractivité financière puisqu'il est estimé à près de
360M$ au moins. C'est ce que confirme un article publié
récemment sur un des blogs techno du NYT.

Deux chercheurs en sécurité ont ainsi mené leur enquête
pour déterminer l'envergure et l'étendue de cette pratique,

révélée après l'affaire de l'achat de 100.000 faux followers pour le compte de Mitt Romney. Après avoir étudié plus d'une vingtaine de services, ils sont arrivés à estimer les valeurs des transactions ayant permis la création de pas moins de 20 millions de faux comptes.

La vente des fake followers se fait par paquet d'un millier ou quelques milliers, jusqu'à quelques millions parfois. Selon Barracuda Labs, le prix moyen d'un lot de 1000 followers se situe dans les 18$ en moyenne. Certains services affirment même qu'ils gagnent de 2 à 30$ par compte, ce qui permet d'avoir une estimation de la valeur (basse) de ce marché : entre 40 millions et 360 millions de dollars !

Pour vérifier ainsi la qualité des followers d'un compte, il vaut mieux passer la liste au peigne fin et qualifier des éléments comme les photos de profil, le nombre de messages publiés, le ratio following/followers, le type de contenu publié, etc. Sachant que de plus en plus de services permettent désormais de créer automatiquement de faux comptes, allant jusqu'à 100.000 fake en 5 jours.

Mais le trafic de faux comptes concerne aussi la majorité des grands réseaux sociaux. A ce titre, Socialyup.com vous facture 500 "like" sur Facebook pour 30$ ou 20,000 pour 699$. Pour Pinterest, Pinfol vous facture 100 followers pour 15$ ou 5,000 pour 95$. Quant à Youtube, pour un million de vue et la garantie d'une fausse viralité, il faut débourser 3100$.

Revenons à notre entretien... Mais peut-on suivre des milliers de flux ?
« mais ils ne sont pas tous actifs ! »
- Alors pourquoi ne pas les enlever ?
« par simple fainéantise ! »
Ne crains-tu pas plus simplement d'être unfollow si tu coupes initialement le lien ?
-« ... ! »

Reprenez ces derniers échanges et assurez-vous que je les ai entendus 9 fois sur 10 !

Attachons-nous maintenant à identifier la donnée produite. En quoi se distingue-t-elle des informations déjà existantes car question médias en France, nous ne sommes pas dénués !

« Je produis environ 20 % des données diffusées. Les autres 80 % sont des retweets. Je mets toutefois en têtière, c'est un peu ma marque de fabrique, un commentaire sur un lien des échos, NYT… Ça se diffuse alors et entretient ma communauté. »

Le retweet !

Mécanique ultra-simple, un seul clic suffit pour rediffuser à sa communauté un article une note, un papier… Mais ce serait trop simple, peu porteur de valeur ajoutée. Alors on ajoute sa touche personnelle. Mais d'où vient l'input original ?

De la lecture intense de notre influenceur ou d'une information glanée sur Twitter et éventuellement déjà rediffusée par un autre twittos ?

Dans ce deuxième cas, cite-t-on le découvreur restreignant alors d'une dizaine de caractères l'espace dédié à sa propre mention ou s'attache-t-on à faire disparaître toute trace de sa contribution ?

« Quand c'est un ami proche, je maintiens la citation. Mais lorsque c'est une relation plus distante ou une machine à re-tweeter, je vais chercher le lien direct et je poste mon tweet. Je considère que je n'ai pas vu le lien passer par erreur. »

Comme il est devenu simple de s'approprier non seulement le travail d'autrui mais aussi tout simplement la veille d'un autre !

Afin d'éviter que votre communauté ne découvre un de vos concurrents potentiels, quelques back-spaces suffisent à gommer toute trace de son passage. À ces principes, notre homme a une réponse toute trouvée :

« Mais Fabienne S. des Echos, que fait-elle si ce n'est assister à une conférence de presse tout comme je le fais ?

Alors, à quel titre serait-elle seule légitime à reprendre et diffuser une information sur ce sujet ?

D'ailleurs, sur le volume des données produites par les journalistes, quel est le prorata de simple reprise d'une info AFP ? »

Légitimité toute renforcée quand par chance, un simple témoignage référent vous inscrit immédiatement au rang des exceptions qui confirment la règle.

« C'est off mais j'ai le N°3 de la direction d'un grand groupe de télévision, situé "quai du point du jour", qui me dit : tu fais partie de notre revue de presse du matin... »

S'affiche alors un satisfecit illuminant son visage. Voilà bien un fait de guerre attestant de sa réussite. Les grands du monde des médias lisent ses commentaires de quelques mots relatifs à un papier qu'il n'a pas écrit !

« il ne faut pas pour autant que ton flux ne soit qu'un fil de RT. L'intérêt, c'est la couche que je vais ajouter. »

Certes, mais qu'adviendrait-il alors si l'input originel disparaissait ?

En d'autres termes, sans info publiée par un organe de presse ou un tiers, le plus souvent via un média historique, il n'y aurait plus de RT possible ?

« En fait, si c'est bien fait, intelligemment, la revue de presse numérique favorise la visibilité des médias historiques. Les médias historiques cherchent aussi à créer de l'engagement et une meilleure qualification des lecteurs, auditeurs et téléspectateurs. Ils ont donc besoin des médias sociaux. »

L'influence des médias sociaux : très largement surestimée !

« Ils ont donc besoin des médias sociaux, dit-il »... Une idée reçue très répandue mais fausse !

Tous les sites d'actualités animent une présence sur ces services mais force est de constater que l'apport réel en termes de trafic (venant de ces services de réseaux sociaux) sur leur site reste vraiment très faible. En effet, d'après une étude de AT Internet portant sur 19 sites d'actualité français et se basant sur toutes les sources des visites confondues (moteurs de recherche, flux RSS, emails, accès direct ou encore sites Web tiers), Google resterait largement en tête.

PARTS DE VISITES sur l'ensemble du trafic toutes sources confondues
19 sites web français d'actualité - FEVRIER 2013

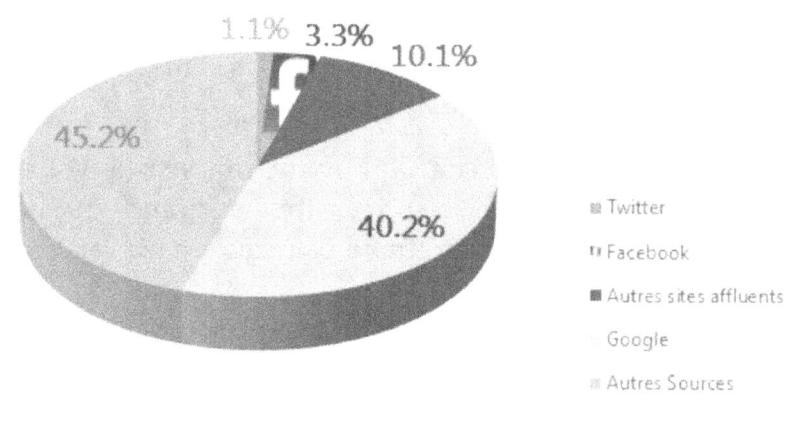

Avec une moyenne de 40,2% du trafic, le moteur de recherche Google reste le catalyseur principal de visites en février 2013 (selon l'enquête de AT Internet), largement devant Facebook à 3,3% et Twitter à 1,1%.

L'étude précise même que ces faibles pourcentages stagnent (voire chutent comme en décembre 2012) depuis presque un an. Bien sûr, le trafic induit n'est qu'un indicateur mais il est tout de même significatif de voir que celui-ci reste à des niveaux très bas (tout comme le RSS encensé à une certaine époque jusqu'à ce qu'on s'aperçoive que seuls les "geeks" comprenaient et utilisaient ce moyen).

En effet, la mutation des médias vers leurs pendants numériques ne s'est pas faite sans douleur. Les vases prévus comme communicants se sont révélés percés de toutes parts. Encore aujourd'hui, les audiences numériques (des sites médias) restent pour la plupart confidentielles, sans rapport avec leurs grands frères historiques. Alors, fleurissent tels des champignons numériques, les boutons "like", "j'aime", "Partager", "Twitter", "+1", ainsi que le fameux "retweet" (ou plus simplement RT) conçu dans les gènes de Twitter.

Ces invitations à partager sont très utilisées par certains à tel point qu'il est raisonnable de penser que beaucoup ne doivent même pas lire ce qu'ils valident et partagent ainsi (vu les volumes publiés) : il suffit que le titre soit accrocheur et hop, je clique, je commente (à peine) et j'envoie… Une fois de plus, on est en présence d'un mécanisme qui favorise (qui encourage !) un comportement compulsif et c'est peut-être bien pour cela que ça fonctionne aussi bien.

Le RT permet à chacun de rediffuser une information déjà présente sur le Web. Le message réémis contient alors votre pseudo suivi du barbare "RT" puis de l'URL du sujet initial (souvent contractée pour gain de place), la mention ou le commentaire du "Twittos" initial, tout cela en 140 caractères maximum… Il faut être synthétique !

Légitime dans ce nouvel état de l'art, on retweet alors tout ce qui est possible, l'idéal étant de faire le plus de "bruit" possible. L'exercice est d'autant plus facile que les principaux fournisseurs de contenus, en manque de visibilité et/ou afin de s'offrir gratuitement un lien vers leurs pages éditoriales, vous prémâchent la tache en associant leurs publications aux "boutons sociaux" automatisant le processus tout en vous laissant y placer votre signature.

Relayé mais pas lu !

Cette facilité ouvre la porte aux comportements absurdes : une étude montre que les utilisateurs de Twitter qui repartagent des liens depuis leur compte n'ont pas toujours visité le contenu dudit lien. Dan Zarrella a mené l'étude pour le compte de HubSpot. Il dit avoir compulsé des données depuis 2,7 millions de tweets contenant des liens. Sa conclusion est sans appel selon lui : 16,12% de ces messages ont été plus repris (via RT) que le lien n'a été cliqué. En somme, il n'est pas possible que tous ceux qui ont repartagé un lien l'aient visité. CQFD.

Retweeting Without Reading?

I conducted an analysis of 2,728,452 link-containing tweets and found evidence that many people retweet links without reading them.

0.038

Pearson's correlation coefficient between clicks and retweets.

This indicates that there is **no** significant relationship between the number of clicks a tweet gets and the number of retweets it gets.

 14.64% of the retweeted tweets had 0 clicks.

 16.12% had more retweets than clicks.

Factors correlated with more retweets are sometimes correlated with fewer clicks and vice versa.

Tweets that contained the word "retweet" got more retweets than the average, but fewer clicks. Tweets containing an "@" symbol got more clicks, but fewer retweets.

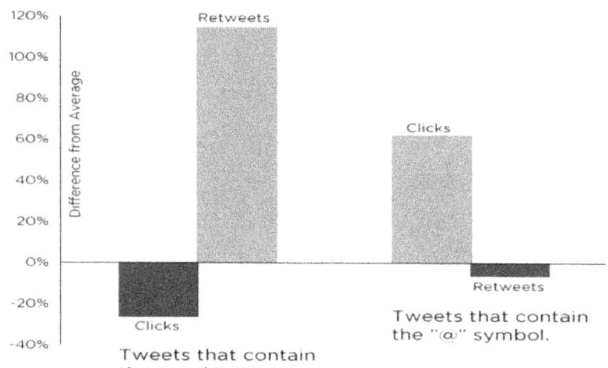

By DanZarrella of HubSpot

Tout comme pour Facebook, j'interroge mon interlocuteur sur l'interaction générée sur ses propres activités Twitter. Dans cette alternative, ce sont plusieurs milliers de followers, fièrement épinglés, tel un rang élevé dans la hiérarchie des influenceurs, qui comptent. Mais la conclusion restera tout autant disproportionnée et après un long moment de silence :
«... peut être une petite centaine... voilà... une petite centaine ! C'est peut-être peu mais cela me permet de m'affranchir d'un site Internet. C'est un peu ma carte de visite électronique. »

On substitue alors le Web 1.0 pour lequel il fallait avoir de solides compétences en édition de site Web, en formalisation d'un message structuré à transmettre, dépassant largement les 140 caractères... et pour lequel il fallait en sus assurer un référencement... par un concentrateur Web 2.0. Plus de problématique d'édition, d'hébergement. Et c'est 100 % gratuit !
Mieux encore, je n'ai plus à produire un contenu 100 % propriétaire, je n'ai qu'à rediffuser celui d'un tiers lui aussi en quête de visibilité... C'est donnant-donnant... enfin, pour l'instant !
Une bonne heure et demie s'est maintenant déroulée et mon interlocuteur manifeste désormais les premiers signes de manque : prenant, reposant, puis reprenant son smartphone, il y jette un bref coup d'œil, le repose pour le reprendre immédiatement en main. Je comprends alors qu'il n'a plus beaucoup de temps à m'accorder et sans attendre je l'invite à dresser le bilan.
« Au final, tous ces outils-là, c'est d'un côté la gestion de ton image en te glorifiant sur les réseaux, cela te donne une image virtuelle alors que tu n'es rien !
Chaque producteur a enfin accès à son propre moyen de diffusion. Je pense aussi avoir réussi à monnayer en argent sonnant car ma précocité sur les réseaux sociaux m'a permis à ce jour de conclure quelques relations d'affaires. »

Vous êtes agréablement surpris ?
Rayez alors la mention "agréablement" car une fois évanoui le rideau de fumée, la transformation financière avouée satisfait à

peine le revenu du bonhomme, tout juste de quoi ne pas revenir bredouille de cette pêche aux miracles des réseaux sociaux…

Passons plus brièvement sur les autres entretiens "blogueurs référents" en ne reprenant que les points communs et/ou nouveaux.

Je note tout d'abord que la quasi-totalité des blogueurs rencontrés affirme utiliser principalement Twitter et ne maintenir sur Facebook qu'une présence vitale a minima. Il faut bien avouer qu'il est impossible d'entretenir avec la même densité d'attention et d'informations l'ensemble des plates-formes.

À la question : "combien de temps consacrez-vous quotidiennement à ces services ?"… Les multiples réponses convergent vers celle-ci, relativement représentative :

« J'ai vraiment levé le pied et y consacre actuellement 1H30/jour alors que je suis monté jusqu'à 5-6 heures facile ! »

La collecte d'informations et le pouvoir de la hiérarchiser en fonction du nombre de fois où elle est reprise sont également l'une des forces de ces réseaux.

« J'accepte de jouer le jeu, certains remontent l'information, alors j'en fais de même, je la rediffuse autour de moi. »

Je note aussi une véritable motivation de ces blogueurs à apporter une valeur ajoutée (même minime) aux informations traitées. Qu'il s'agisse d'un simple commentaire ou d'une analyse plus poussée, le seul principe "passe-plat" ne semble pas être de nature suffisante à justifier le rôle qu'ils se sont donné. Certains en ont même fait une part pleine et entière de leur quotidien… et cela même sans la moindre contrepartie.

« Je dédie une à deux heures, au fil de la journée, à m'informer et sélectionner les articles qui traitent des sujets qui entrent dans mes champs de compétences et d'affinités. Je prends le temps de les lire en détail puis les rediffuse ou non par centres d'intérêts sur les différentes listes d'abonnés. À ce stade, je pense être reconnu et apprécié pour ma capacité à les tenir informés. »

Sans grande surprise, les failles sont apparues très vite. Passée la justification de l'information 2.0, l'accélération des flux, la pluralité et liberté d'expression, mes questions auront décelé les premiers travers et fait chanceler l'édifice. Chronophages, superficiels en quête d'ego ou d'existence sociale, ces réseaux sociaux combinent à parts égales l'intérêt d'y être et la déception d'y rester. Tant d'efforts pour tenter de briller, d'être distingué parmi la masse et au final un butin bien maigre...

Do you trust social influence scores provided by social influence platforms?

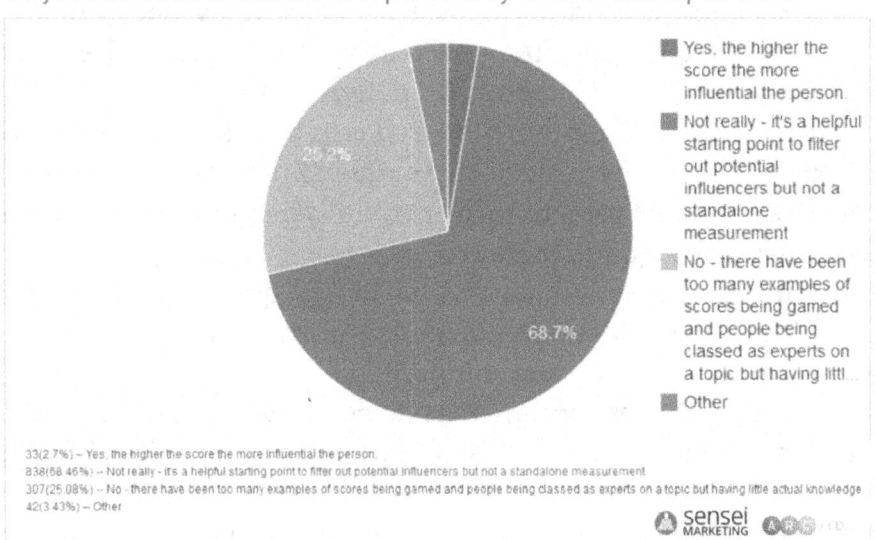

- Yes, the higher the score the more influential the person.
- Not really - it's a helpful starting point to filter out potential influencers but not a standalone measurement
- No - there have been too many examples of scores being gamed and people being classed as experts on a topic but having littl...
- Other

33(2.7%) – Yes, the higher the score the more influential the person.
838(68.46%) – Not really - it's a helpful starting point to filter out potential influencers but not a standalone measurement
307(25.08%) – No - there have been too many examples of scores being gamed and people being classed as experts on a topic but having little actual knowledge
42(3.43%) – Other

Nos amis influenceurs adorent les services comme Klout, Kred ou PeerIndex qui sont sensés mesurer leur niveau d'influence... Mais une récente étude de Sensei Marketing (source http://www.demainlaveille.fr/2013/04/15/klout-kred-peerindex-cest-du-bullshit/) permet de remettre en doute l'importance ces outils : 94% des participants affirment qu'ils ne font pas complètement confiance aux résultats fournis par ces services. 55% des professionnels estiment quant à eux que ces plateformes sont complètement inefficaces dans l'identification des influenceurs...

Le rôle d'une élite...

Nos entretiens nous ont permis de constater que l'élite auto-proclamée du Web 2.0 avait souvent un comportement bien peu à la hauteur des enjeux... En effet, le rôle d'une élite est de guider, d'où le terme "influenceur" que ces blogueurs aiment tant afficher comme une décoration !

Si on regarde les chiffres, il est désormais clair que la masse a pris le relais des pionniers... On pourrait donc penser que c'est l'irruption de cette masse, des vertigineux volumes d'utilisateurs novices qui sont à la base de la dégradation du niveau des contributions qu'on constate un peu plus chaque jour...

Quelque part, c'est bien naturel puisque d'une part, la masse est forcément médiocre (une médiocrité intrinsèque) ce qui induit des contributions du même niveau et d'autre part, ces nouveaux utilisateurs sont confrontés aux possibilités des services de réseaux sociaux pour la première fois. Cette nouveauté implique donc, mécaniquement, une phase d'expérimentation, d'essais et d'erreurs qui sont inévitables. On pouvait espérer que ce sont les pionniers et les influenceurs (on a tous lu au moins une fois cette étiquette) qui allaient servir d'exemple afin de "guider le peuple vers des horizons radieux" (un peu de lyrisme maoïste histoire d'en rire un peu, quand même !).

D'autant que ne l'oublions pas, la masse qui arrive désormais sur ces services, est essentiellement composée de "suiveurs", pas de "réseauteurs" ayant une compréhension (minimum au moins) des principes et des mécanismes de ces services. Cette masse de suiveurs a donc doublement besoin de pouvoir se référer à des exemples incontestables...

Or les influenceurs, les élites en un mot, n'ont pas eu un comportement exemplaire, bien au contraire. En effet, que voit-on de la part de ces soi-disant référents (et ce que nos entretiens ont confirmé) ? Une attitude compulsive, irréfléchie, égocentrique et exhibitionniste qui n'a fait qu'encourager la masse par la suite, à faire de même et pire. La soi-disant "aristocratie" du Web 2.0 a fait la preuve de son ridicule sans qu'on ait besoin de beaucoup la pousser !

Quand l'élite se délite ainsi, comment attendre que la grande masse des utilisateurs se comporte correctement ?

Voilà d'où vient, en partie, le "toujours plus bas" décourageant qui s'étale sur les pages de ces services.

5- L'ENVERS
DU DÉCOR

Une fois passé l'enthousiasme de la nouveauté, la quête de l'inconnu, les nouvelles terres fraîchement défrichées, vient le temps du bilan.

Au final, cette ruée vers les services de réseaux sociaux s'est avérée passionnante dans un premier temps et décevante au bout du compte. La déception est à la hauteur des attentes car ces services se sont avérés terriblement chronophages et pour partie d'entre nous, carrément addictive, sans parler des contenus et des comportements qui sont loin d'être conformes à ce qu'on espérait (et annonçait) au début de cette nouvelle ère. La place que s'accaparent désormais les services de réseaux sociaux est devenue conséquente. Les terminaux se sont multipliés et l'invitation à l'empreinte numérique est quasiment partout.

À partir de maintenant, nous traiterons le dossier volontairement à charge. Une fois dégrossi de ses principaux défauts, il sera plus aisé, direct et simple de traiter ensuite les bienfaits des réseaux sociaux. Mais pour l'heure, place au scalpel !

Dans ce chapitre, nous allons détailler les problèmes révélés ces dernières années par l'usage des services de réseaux sociaux à grande échelle :

- Mythomanie, confusion réel/virtuel,
- Protection de la vie privée fragilisée,
- Phénomène d'addiction, plus fréquent qu'on ne le pense,
- Grignotage du temps disponible (ces services sont chrono-

phages),

- Des comportements surprenants,
- Des contenus décevants.

POURQUOI JE N'AIME PAS facebook

I Parce que ça me fait de la peine de me rendre compte que la moitié de mes amis sont des abrutis qui bassinent tout le monde avec des banalités d'une vacuité insondable.

 Sandrine Dreu a mangé du boudin et des patates
👎 24 👍 32

 Bastien Laval est fatigué
👎 12 👍 7

 Eve Salin tiens, on est lundi !
👎 76 👍 13

II Parce que ça me fait chier de me rendre compte que la deuxième moitié de mes amis dégouline de vanité et d'autosatisfaction.

 Marc Page est encore à l'honneur dans le journal

 Marc Page, un auteur tip top !
http://lagazettedeplougasteldaoulas.fr

👎 42 👍 13

 Nathalie B est pour la 5ème fois consécutive meilleure employée du mois !
👎 12 👍 8

 Patrice Plot fait les meilleurs mojitos du monde
👎 12 👍 10

Source et histoire complète par Obion à http://www.obion.fr/
blog/2010/10/facebook-mon-ami-2/

Omniprésence du phénomène

Les réseaux sociaux, aux multiples déclinaisons, semblent être partout aujourd'hui. Leur développement explosif et tentaculaire explore par ramifications successives les différentes niches exploitables et nous n'en sommes qu'au début (nous y reviendrons...).

Mieux encore, le système reste "mutant", à même d'évoluer dans son ensemble pour satisfaire à de nouvelles exigences. L'un des meilleurs exemples récents est l'irruption du phénomène Social-TV. Qu'il s'agisse de Facebook ou de Twitter (entre autres), aucune de ces plates-formes n'était initialement destinée à cela. Mais, comme souvent dans l'histoire de l'informatique, les usages (y compris les plus surprenants et aussi les plus dérangeants) apparaissent au fur et à mesure de l'utilisation des outils. Les technophiles se sont emparés des outils existants et les exploitent aujourd'hui un peu à la façon de la Citizen Band d'hier.

Comme évoqué précédemment, les terminaux mobiles se sont immiscés dans notre quotidien mais aussi et surtout dans tous ces petits instants d'existence passive. Un trajet en transport en commun, l'attente d'un rendez-vous, une pause-café ou cigarette : l'individu connecté profite de ce qui étaient autrefois des "temps morts" et exploite systématiquement toutes les occasions disponibles. Les motivations à contact sont multiples, tantôt personnelles (surf, Facebook, etc.), tantôt professionnelles (email). Protégé dans le huis clos confidentiel d'un petit écran, la connexion à l'univers online, justifiée ou non, est devenue la norme. Corollaire : on consomme et produit désormais un volume de plus en plus impressionnant de données.

Profusion de l'offre

Tout comme dans les médias traditionnels, la profusion de l'offre ne fait pas la diversité des consommations. À l'instar d'une homepage qui se doit de proposer un choix restreint d'options possibles, le cerveau humain ne sait pas gérer plus de 7 stimuli simultanément. Cette règle semble s'appliquer également dans les habitudes prises en termes de consommation média.

Ainsi lorsque nous sommes passés d'un paysage radiophonique de 4 à plus de 2 000 stations de radio, les auditeurs ont continué à consommer majoritairement 4 à 5 stations. Idem en télévision où le paysage a considérablement évolué ces dernières années, passant de 6 à plus de 150 chaînes françaises, voire plusieurs centaines en comptant les chaînes internationales. Un téléspectateur d'aujourd'hui continue à consommer majoritairement 4 à 6 chaînes. Certes, l'audience s'est (un peu) diluée au profit des nouveaux entrants, provoquant l'éclatement des communautés mais les transferts massifs d'audience se font le plus souvent dans la durée. Ainsi, il aura fallu plusieurs années pour que les chaînes leaders de la TNT dépassent régulièrement le million de téléspectateurs quand M6 et TF1 dépassent souvent les 4 millions.

La montée en puissance du Web 2.0 et des services de réseaux sociaux s'opère, elle, sans régulation "législative" des flux. On assiste à la bataille rangée à laquelle se livrent actuellement Facebook et ses outsiders : Twitter, Pinterest, Tumblr et dans une moindre mesure LinkedIn (pour ne citer qu'eux).

Pour l'utilisateur, c'est le grand écart permanent. À peine initié à un nouveau réseau, en ayant passé le plus clair de son temps à construire une communauté, voilà qu'apparaît le nouveau lieu virtuel à la mode : « Tu es sur < le-nouveau-réseau-dont-on-parle > ? ».

Les règles et usages y sont différents ?

Peu importe !

Et l'on grignote alors encore un peu plus de son espace-temps pour s'adonner aux "joies" du nouveau venu. Pour autant, sans grande surprise, les mêmes réflexes reviennent quasi à l'identique :

- quelles relations initier ?
- que publier ?
- pour quel retour sur investissement ?
- pour quelle gratification ?

Pour éviter le doublon pur et simple, on tend alors à thématiser ses représentations. Facebook deviendra un lieu plus personnel,

LinkedIn sera dédié à ma représentation professionnelle, Twitter engagé à publier mes états d'âme, Pinterest et Instagram accueilleront nos plus belles photos et ainsi de suite...

L'alimentation régulière de ces différentes plateformes requiert alors un travail de tous les instants car il faut être vu pour espérer au minimum le "like" ou au mieux un commentaire de préférence élogieux pour se sentir VIVANT. Certains ne s'y sont pas trompés et les systèmes permettant la réplication automatique des statuts ont rapidement vu le jour.

Dans le même temps naissent de nouvelles offres. Multi-thématisées afin de se frayer un chemin parmi les plus grands, elles renouvellent le genre et thésaurisent sur des espaces encore vierges.

Nextdoor par exemple, s'affiche depuis peu comme le réseau social axé sur le bon voisinage. Il promet de changer les habitudes individualistes tout en rendant service. Le site est entièrement privé et il faut prouver appartenir à la communauté pour en faire partie. Près d'un demi-million de messages seraient échangés chaque jour (chat perdu, besoin d'une échelle, etc.). Le filtrage à l'entrée est drastique, gage d'une communauté équilibrée, connue/reconnue et à convergence d'intérêts. Dans le même temps, le réel côtoie étroitement le virtuel.

À ce stade, il n'est plus possible d'envisager contribuer à l'ensemble des réseaux offerts. Il faudra faire des choix. Inévitablement ces nouveaux entrants contribueront à fragiliser nos géants aux pieds d'argile.

La théorie des cercles

Afin d'endiguer à la source la dispersion possible, chacun y est alors allé de son innovation. C'est d'ailleurs à cette époque qu'est arrivé dans l'arène le petit dernier du géant de Mountain View : Google +. À l'évidence, les concepteurs avaient bossé la notice et l'un des arguments majeur mis en avant fut la possibilité de gérer sa communauté en différents univers distincts ou partiellement communs. Ils ont appelé cela "les cercles".

Pour ceux qui sont peu familiers de l'exercice, un bref mot sur le principe. Vous attribuez vos contacts à tel ou tel cercle (au moment de l'établissement de la relation). Ceux-ci peuvent être présents distinctement ou simultanément dans différents cercles. Dans un mode basique, vous définissez par exemple, un cercle ne contenant que les membres de votre famille, un autre est consacré aux amis proches, un troisième où vous mêlez vos relations professionnelles qui conjuguent également une relation amicale et ainsi de suite. Il est alors aisé de segmenter ses communications.

Au-delà de la compartimentation des communautés, il est intéressant d'observer que la nature de votre communication et votre courage à l'exprimer dépendent de la nature et la dimension de l'auditoire. Dans la vie réelle, une même histoire drôle sera ainsi aisément contée aux seuls membres de votre famille proche, plus difficilement dans le cadre d'un dîner où sont présents des invités que vous connaissez moins… Et il vous sera souvent impossible de tenter d'amuser la galerie au banquet de fin d'année, tétanisé par le trac… Alors que vous maîtrisez pourtant fort bien l'histoire drôle et son capital humoristique.

Cela me rappelle d'ailleurs une expérience riche d'enseignements. J'assistais à une conférence organisée par le groupe Reed Business pour ses 40 ans. Tout le gratin du marché publicitaire était là. Alors qu'Antoine Duarté, Président RBI entame son discours d'introduction, je vois apparaître les Smartphones autour de moi. L'occasion est trop belle pour les blogueurs de tous poils. Être dans ce sacro-saint lieu privilégié ou se concentre l'excellence de la publicité française garantit à coup sûr l'exclusivité des informations glanées. Ça twitte de toutes parts !

C'est alors que notre invitant interpelle la salle et l'invite à découvrir une initiative d'un genre nouveau. À l'occasion des débats, un mur Twitter allait permettre de suivre en temps réel les tweets échangés lors de cette soirée. À l'énoncé de ces mots, un écran géant est déroulé en arrière-plan de la scène dédiée aux débats. Les premiers tweets s'affichent maintenant sur près de 60 m2… à la vue de tous… Et là, c'est la stupéfaction !

Le ton est familier, un brin moqueur et l'on y découvre tantôt l'avis sur le costume d'untel, une pique acerbe sur le menu de déjeuner,

... Surpris par une telle initiative, les blogueurs peu aguerris à l'exercice s'interpellent du regard, rient des tweets maladroits de leurs compères tout en appréhendant de voir s'afficher les leurs... et devinez ce qu'il advint ?

Les tweets se sont tus... et l'écran n'en finissait plus de rediffuser en boucle les seuls messages postés initialement.

N'en déplaise à certains, gérer une communication multistrates n'est pas donné à tout le monde et tenter de s'affranchir de cette règle de base expose à de multiples effets collatéraux.

Accroche passive mais communication active

Qu'il s'agisse d'une projection de soi ou de la réelle motivation à accroître son cercle de relations, la prise simple de contact, c'est-à-dire la simple mise en relation est souvent aisée voire mise en scène et un simple clic suffit. Cette démarche dématérialisée pourrait presque passer pour anonyme ou peu engageante.

L'exposition ou la justification de la prise de contact n'est pas nécessaire (sauf dans le cas de certains services comme Linkedin). Si cette invitation venait à être déclinée, ce refus ne sera visible que de moi seul. En revanche, une fois la connexion établie, l'installation du dialogue est une autre affaire...

Envie et jalousie ?

De plus, on est en train de se rendre compte que cette facilité de mise en contact produit aussi des effets de bords inattendus : l'inscription à un service de réseau social peut aussi susciter envie et jalousie révèle une étude menée conjointement par le Dr. Hanna Krasnova et le Dr. Peter Buxmann, deux chercheurs des universités allemandes de Humboldt et de Darmstadt.

C'est ainsi que Facebook devient une source de comparaisons sociales sans équivalent. D'après cette étude, une personne sur trois (36,9 %) se sent plus mal après s'être connectée et plus insatisfaite de sa vie disent les chercheurs, précisant que ceux qui ne publient rien sont les plus affectés.

« Nous avons été étonnés du nombre de personnes qui ont une mauvaise expérience de Facebook, qui ressentent un sentiment de solitude, de frustration et de colère », a déclaré à Reuters Hanna Krasnova, chercheur à l'université de Humboldt à Berlin.

Selon les deux scientifiques, les photos de vacances sont la première cause de ressentiment (19,3 %). Elles sont responsables de plus de la moitié des réactions de jalousie. L'interaction sociale est le deuxième facteur de ressentiment (6,3 %), les utilisateurs pouvant comparer par exemple, le nombre de vœux d'anniversaire reçus, de mentions "j'aime" et de commentaires. Pour ces personnes, l'absence de commentaire est associée à un manque d'attention des "amis".

L'envie et la jalousie peuvent même mener à la dépression voire à un désir de nuire à la personne "responsable" de cet état. Dans le même ordre d'idée, se faire supprimer de la liste d'amis de quelqu'un sur Facebook aurait visiblement quelque chose de traumatisant si l'on se fie aux résultats d'une étude menée par des étudiants de l'université de Colorado, à Denver (Business School). En fait, 40% des personnes interrogées dans le cadre de l'étude ont admis penser éviter quelqu'un qui les aurait supprimé sur Facebook (alors que 50% ne se préoccuperaient pas de cette suppression).

Bien sûr, la frustration, l'envie et la jalousie ne sont pas apparues avec Facebook. Mais il est clair que la "grande exposition" induite par ce service a un effet multiplicateur qui se ressent également - douloureusement- dans ses effets négatifs.

Le piège de la mythomanie

L'univers du virtuel, éventuellement dosé d'une pointe d'anonymat, laisse place à toutes les libertés et surtout, à toutes les dérives. Dans cette quête inépuisable du "Moi", on n'est jamais assez beau.

Autant la vie réelle se conjugue (la plupart du temps) avec la relation vraie et prouvée, autant pour mon avatar social les frontières sont celles que je me fixe. D'un niveau de vie légèrement embelli, une empreinte professionnelle à géométrie variable, le doigt mis dans l'engrenage y emporte rapidement l'être tout entier.

Confusion des univers virtuels et réels

Une fois embarqué dans la virtualisation de son être, il devient rapidement difficile de faire le distinguo entre le constat et l'envie de soi. Cette confusion des genres entraîne le syndrome " Dr Jekyll et Mister Hyde" ou la passion et l'envie de l'Un emportent la raison de l'Autre.

Sauf à avoir un caractère en acier trempé et la tête sévèrement vissée sur les épaules, cette mixité des personnalités peut s'avérer dangereuse et au final, tout cela pour quoi ?

N'exister que dans un monde virtuel ?

Ma représentation virtuelle condamnée au virtuel

S'inventer une représentation virtuelle revêt de nombreux atouts. Adieu facettes peu glorieuses, défauts et autres aspects non-assumés de nos personnalités. Place à ce que j'ai de mieux.

L'exercice peut paraître tentant mais s'avère rapidement un exercice complexe. S'attribuer des talents ou atouts non acquis revient parfois à dépenser autant voire plus d'énergie que pour les acquérir dans le monde réel.

Faute de cette excellence et passée l'illusion de l'usurpation passagère, les masques tombent vite. Si d'aventure la magie opère, il en résultera toutefois une frustration énorme car il sera quasi impossible de traduire cet acquis dans le domaine du réel.

Mais a-t-on besoin de recoller au réel ?

Ne peut-on se contenter de sa seule représentation virtuelle ?

Nous ne sommes pas les premiers et certainement pas les derniers à nous poser cette question. Qu'il s'agisse de littérature ou de films d'anticipation, la grande majorité des créations tend à démontrer qu'on ne peut se contenter du seul et unique monde virtuel.

Pour couronner le tout et finaliser le désenchantement des espoirs encore vaillants, les dernières mesures prises par Facebook (entre autres) rendent les choses prochainement plus complexes : terminés les pseudos et surnoms sur Facebook !

En croisade depuis plusieurs années sur ce sujet, Facebook vient d'obtenir une décision de justice favorable à cette position. Même si cette décision ne s'applique -pour le moment- qu'à l'Europe, Facebook ayant droit de vie ou mort sur votre compte, il y a fort à parier pour la victoire du pot de fer. Il faudra donc désormais faire preuve de beaucoup d'adresse pour entretenir l'illusion tout en gardant en permanence l'épée de Damoclès sur le fil de son existence virtuelle.

Ce problème de mythomanie ne concerne que les plus fragiles des utilisateurs. En revanche, on va le voir, la protection de la vie privée, elle, concerne tout le monde...

Protéger ma vie privée

Une des principales difficultés avec Internet consiste à savoir faire le distinguo entre ce qui doit/peut être dit et ce qui doit rester dans le domaine du confidentiel. Cet arbitrage est d'autant plus complexe qu'il est réellement difficile de mesurer l'étendue de la diffusion de l'information.

Qui n'a pas été surpris de voir un jour une de ses communications Facebook a priori privée, connue ou commentée par un tiers étranger ?

C'est la "magie" du rebond non sollicité : un ami (non connu) peut avoir accès à ma publication pour peu qu'un ami commun (identifié celui-là) apporte un commentaire à mon statut ou publication. Sur Internet, rien n'est privé. Qu'il s'agisse de vos tweets, commentaires, emails, photos et vidéos, tout est livré gracieusement au plus grand nombre.

Le saviez-vous ?

25 % des utilisateurs ne font rien pour gérer leurs paramètres de confidentialité et Facebook est désormais cité dans une procédure de divorce sur 3 en France...

Lorsque vous publiez une photo prise depuis un smartphone récent muni d'un GPS, les coordonnées géographiques du lieu où a été prise la photo sont directement ajoutées à celle-ci. Idem pour l'identifiant du téléphone ayant permis de prendre le cliché. Lorsque vous publiez cette photo sur Internet, sans le savoir, vous transmettez également ses coordonnées GPS et autre méta-données. C'est ainsi que de nombreux petits malins (des idiots oui !) diffusant des photos de leurs méfaits sur Internet, se croyant en toute impunité, se sont ainsi fait rattraper par la justice...

Déjà une très grande précision dans la prédiction des données non-affichées

Pour mesurer l'ampleur du phénomène, l'équipe de recherche en psychométrie de l'université de Cambridge (en Grande Bretagne) a mené l'une des plus grandes études de ce genre en analysant les profils de 58 000 utilisateurs de Facebook afin de prédire les préférences, caractéristiques et autres informations qui n'étaient pas affichées explicitement dans leurs profils.

Les algorithmes utilisés se sont avérés exact et précis dans plus de 80% des cas pour prédire l'orientation sexuelle, la race, la religion et l'appartenance politique des individus examinés. Les types de personnalité et la stabilité émotionnelle ont également prédit avec une précision allant de 62 à 75%.

L'étude met en lumière les préoccupations croissantes sur la façon dont les données des services de réseaux sociaux peuvent être exploitées afin d'en extraire des informations sensibles, même quand les gens essayent de garder la confidentialité des informations sur eux-mêmes. Moins de 5% des utilisateurs identifiés comme gay par exemple, étaient liés à des groupes explicitement gay.

Michal Kosinksi, l'un des auteurs du rapport, a déclaré au Financial Times que les techniques de l'université pourraient facilement être reproduites par des entreprises afin de déduire les éléments d'une personne ne souhaitait pas divulguer sur elle-même, comme l'orientation sexuelle ou les opinions politiques : « Nous n'avons utilisé que des méthodes standards. Les cabinets d'études de marketing et les sociétés Internet pourraient passer beaucoup plus de temps et employer beaucoup plus de ressources que nous dans le même but, et ainsi obtenir une précision des résultats beaucoup plus élevés que les nôtres. »

Mêmes les parents espionnent

50 % des parents présents sur Facebook avouent qu'ils utilisent principalement le réseau pour surveiller leur progéniture. 92 % des parents sont "amis" avec leurs enfants. Un chiffre qui diffère si l'on prend la question à l'envers. 65 % des moins de 13 ans sont bien amis avec leurs pères et mères mais ce chiffre chute à 40 % chez les plus de 20 ans. 30 % des enfants avouent être gênés par les publications de leurs parents.

Pour les plus jeunes, le distinguo entre vie réelle et virtuelle est plus difficile à établir. Internet et les réseaux sociaux font pour la plupart partie intégrante de leur quotidien. De fait, ils s'y livrent sans retenue et souvent sans prendre réellement conscience des risques induits. Moyennement conscients des risques, ils ne savent pas comment s'en préserver…

Big Brother is watching you…

Insidieusement les prémices d'un état de type "Big Brother" s'initient partout, le plus souvent avec notre consentement passif.

Vous avez tous noté les publicités étonnamment ciblées présentes dans le corps de vos emails dont la gestion est confiée à l'un des géants du Web… Mais comment font-ils ?

Tout simplement en lisant vos emails et en y appliquant une analyse sémantique.

Vous énoncez dans un email vouloir faire un séjour en Egypte ?

Et hop, bannières et sollicitations pour un transport aérien ou un hébergement sur place trouvent opportunément leur place dans l'éventuelle réponse à votre missive. Certes, ce n'est pas un opérateur qui décortique votre email mais une machine plantée au fin fond de la Silicon Valley passant son temps à éplucher nos correspondances.

Mais de là à organiser a minima ces données ou les mettre entre les mains d'entités moins bien intentionnées, il n'y a qu'un pas. Ne serait-ce que la simple collecte de ces données est en soit source d'inquiétude. Où sont-elles stockées, que deviennent-elles ?

L'accès à ces informations est-il sécurisé ?

À l'abri du premier hacker venu ?

Comment puis-je contrôler leur usage et éventuellement en

prendre le contrôle ou même les effacer ?

Le facteur temps a aussi son importance. À un instant "T", la communication de nos traces de vies, points d'échanges avec les communautés, devient potentiellement du jour au lendemain l'objet de toutes les attentions. On ne compte plus le nombre d'étudiants en fin de cursus n'ayant pas la moindre idée de l'analyse faite de leurs existences virtuelles passées au crible par les services des ressources humaines avant une éventuelle embauche. Votre photo de remise de diplôme de Doctorat côtoie alors vos épisodes moins glorieux qui, après quelque temps, auraient mieux fait d'être rangés aux oubliettes.

Autant il apparaît aisé de pouvoir un jour faire le ménage dans ses propres publications, autant il est quasi impossible d'apprécier l'étendue de celles des autres vous mettant en scène. Notons qu'à ce stade nous n'envisageons que le meilleur, c'est-à-dire l'utilisation approuvée ou non de votre personne sans mauvaise intention…

Parcours du combattant

Contrôler ce qui est dit de moi revêt donc du parcours du combattant. Naviguer sans balisage, sans disposer des clés des portes numériques filtrant telle personne ou contenu pour au final, tenter d'identifier l'élément dans lequel vous apparaissez en posture peu flatteuse n'est pas chose aisée. Une fois identifiée, point de salut, la maîtrise de la diffusion du contenu n'appartient qu'à son auteur (même si ce dernier n'est pas le légitime propriétaire dudit contenu…) qu'il faut alors retrouver, contacter et motiver à supprimer cette empreinte numérique.

Sur d'autres réseaux, tel Twitter, la communication de masse est un principe de base. Quiconque peut accéder à vos publications sauf si vous ne décidiez   de bloquer tel ou tel lecteur…

Encore faut-il l'avoir identifié au préalable. Dans le cadre d'une relation proche, il est aisé de blacklister tel ou tel.

Dans les autres cas, cette veille laborieuse est quasi systématiquement laissée en jachère.

Force est de constater également la légèreté avec laquelle les gens adhèrent et s'abonnent aux services des réseaux sociaux. Que celui (ou celle) qui a lu dans le détail les fameuses "conditions générales d'adhésion au service" lève le doigt... Je peine à vous dénombrer avec les doigts d'une main !

Il faut alors qu'un irréductible, un empêcheur de tourner rond (souvent un blogueur tatillon) jette le pavé dans la mare dans un moment de clairvoyance et se penche sur ce sujet sensible. En une publication, il met le feu aux poudres et comme un seul homme, la communauté s'insurge de cet affront aux principes de confidentialité.

Idem pour les droits d'auteurs et patrimoniaux. Alors que le cadre juridique/légal propre à chaque pays rend inextricable la gestion de la production intellectuelle et des droits y afférent, quoi de plus simple que de considérer que lors de toute publication, l'auteur en abandonne l'ensemble de ses droits de propriété (une fois encore, lire "conditions générales d'adhésion au service") !

Adieu droits d'auteur, respect de la propriété mais aussi toute voie de retour ou de contestation.

Les règles d'usages sont donc multiples et variées. Le quidam n'ayant pas l'usage des formes et formules juridico-légales, il est souvent rébarbatif de s'affranchir d'une lecture exhaustive des conditions générales. On a alors vite fait d'expédier d'un clic « j'accepte sans réserves » la contrainte légale et ainsi réduire à néant le "firewall" minimum érigé pour défendre nos intérêts.

Jusqu'à l'usurpation d'identité

Bien plus douloureux et gênant, c'est quand les fuites de données sur votre compte permettent à des individus mal intentionnés de se faire passer pour vous. Là aussi, le fait de redresser la vérité et d'effacer les conséquences de cette fraude s'avère difficile, long et traumatisant. Les personnes célèbres sont particulièrement exposées mais sans que cela conduisent forcément à des conséquences graves. Un exemple : Randy de Puniet est un pilote moto français qui dispute le championnat du monde. Lauren Vickers, mariée désormais à Randy, vient de rendre public le fait que le compte Twitter@depuniet14 est un faux.

"Randy a comme compte @RandydePuniet14, explique-t-elle, mais de toute manière il ne l'utilise jamais." Effectivement, après vérification, la dernière fois c'était le 15 octobre 2011.

Pourtant en matière d'usurpation d'identité, le faux @Depuniet14 n'y va pas de main morte. Il se présente ainsi :

Randy De Puniet
@Depuniet14
2012 motoGP rider, currently racing for the Power Electronics Aspar team in MotoGP.... This is my official account.
Maisons-Laffitte, Yvelines - http://www.depuniet.com

Et là, il ne s'agit que d'un imbécile satisfaisant on ne sait quel fantasme ridicule. C'est souvent plus dommageable quand l'usurpation vise un anonyme car alors la fraude a souvent des visées pécuniaires.

Un exemple plus grave nous est révélé par notre témoin sur ce sujet sensible (Sylvain Briant qui vient de vivre cette expérience traumatisante) :

L'usurpation d'identité, voici une expression que beaucoup lisent mais que finalement peu de gens connaissent réellement. Laissez moi vous raconter ce que signifie être usurpé de nos jours.

Mon histoire commence en novembre 2011. De retour d'un week-end prolongé, nous faisons avec mon épouse, comme beaucoup de personnes le font, l'ouverture du courrier. 4 jours de courriers accumulés dans la boite aux lettres. Dans le courrier, nous trouvons une enveloppe à l'entête d'un organisme de crédit à la consommation. Nous l'ouvrons et découvrons avec étonnement une lettre de relance d'une mensualité impayée d'un crédit à la consommation. Pour ma part, travaillant dans l'informatique, je suis convaincu alors qu'il s'agit d'une publicité, une méthode abusive pour nous inciter à appeler et souscrire un crédit. Mes sentiments se confirment quand je tente d'accéder à l'adresse Internet indiquée qui m'affiche une page d'erreur (la page n'existe pas). Ma femme, quant à elle, décide de continuer l'enquête et appelle l'organisme. Après quelques minutes d'attente et de conversation mon épouse me demande de la rejoindre. Notre interlocuteur répète alors ce qu'il vient d'apprendre à ma femme : effectivement il y a bien un crédit à la consommation au nom de Sylvain Briant, souscrit il y a 2 ans et dont le premier impayé date de 7 jours. Je décide alors d'effectuer un simple contrôle, proposant ainsi à mon interlocuteur de comparer le numéro de la pièce d'identité de leur dossier avec celui de ma propre carte que je n'ai jamais confiée et que j'ai dans les mains. À notre grand étonnement, les numéros sont identiques.

Les ennuis commencent.
Dans un premier temps, passage par la gendarmerie pour déposer plainte et expliquer la situation. Puis nous faisons une deuxième démarche : nous rendre au siège départemental de la Banque de France contrôler si nous avons un signalement pour impayé… Nous voilà rassuré, je ne suis pas interdit bancaire. Troisième étape, nous contactons un avocat qui se charge alors du dossier civil et prend contact avec l'organisme de crédit pour une assignation en justice de notre part.

Le harcèlement.
Les procédures sont longues, que ce soient les procédures judiciaires ou les procédures avec de grandes entreprises. La machine est lancée et malgré plusieurs demandes de notre part, 4 semaines et 5 courriers de mises en demeure après le premier contact, me voilà interdit bancaire. Je suis désormais dans l'impossibilité de souscrire un emprunt quel qu'il soit auprès d'aucune banque.

Le traumatisme.
Pendant plusieurs semaines, nous recevons régulièrement des courriers de menaces, de mises en demeures de la part de l'organisme qui va même jusqu'à obtenir mon numéro de téléphone portable et me contacte par sms ou appels téléphoniques. À ce moment-là, je me suis senti démuni et je

suis psychologiquement atteint, un réel traumatisme psych-ologique avec une sensation forte de ne pas pouvoir protéger ma famille.

Quand il n'y en a plus...
Après 6 mois de procédure judiciaire, ce qui concrètement correspond à 3 audiences au tribunal dont 1 audience préliminaire plus théorique que pratique, nous découvrons que notre histoire n'est pas si simple, notre usurpateur ne s'est pas contenté de simplement vivre à nos crochets, il a aussi délibérément escroqué plusieurs familles en mon nom en proposant différentes locations saisonnières (l'escro-querie classique de l'encaissement de chèques de cautions pour des biens ne lui appartenant pas). Nous sommes alors contraints de contacter un deuxième avocat au barreau de la ville où se sont déroulés les faits, c'est-à-dire à 700 km de notre domicile. Nous voilà alors lancés dans une deuxième affaire judiciaire, pénale cette fois-ci, contre l'usurpateur, en tant que partie civile, alliés à de nombreuses autres victimes.

Une première libération.
Un an après le fichage bancaire, nous obtenons la levée de cette interdiction par l'organisme de crédits qui par là même reconnait indirectement qu'il y a eu erreur sur la personne. Mais le chemin est encore long, nous devons encore obtenir gain de cause dans le procès civil, et le procès pénal n'est même pas encore commencé (les procédures pénales sont longues en France)

L'après.
Qu'est-ce que cela change dans la vie ?
Déjà, nous avons conscience des lacunes du système : que ce qui nous est arrivé, même si nous savons comment réa-gir, pourra de nouveau nous arriver car rien ne protège un individu contre une usurpation dans une société où tout est faisable à distance. Ensuite, j'ai fait de ce sujet une bataille de chaque jour par différentes actions.

D'abord, je sensibilise mes proches et les personnes avec lesquelles je suis en contact à l'importance des papiers d'identité et de leur protection dans les procédures administratives ou bancaires. Pour diminuer au maximum les risques d'usurpation vous disposez de quelques méthodes.

1/ à chaque fois que vous devez envoyer une copie de votre pièce d'identité, rayez la photocopie et indiquez la date ainsi que le nom de l'organisme,

2/ écrivez à la mairie de votre lieu de naissance et signifiez-leur votre souhait d'interdire la diffusion de votre acte de naissance,

3/ écrivez aux organismes de crédits que vous n'avez jamais contactés, et signifiez-leur votre souhait de recevoir un courrier pour toute demande de crédit en votre nom,

4/ souscrivez dès maintenant une assurance juridique. Si un problème apparait, ce sera trop tard, il faut se prémunir.

Voir son intimité dévoilée peut se révéler une gêne plus ou moins grave mais ne plus pouvoir se détacher de ses services pose un vrai problème. Taboue et niée par certains, l'addiction commence à montrer son vrai visage et il n'est pas agréable…

L'addiction

L'usage des services de réseaux sociaux peut devenir rapidement plus qu'une habitude ou une obligation. On dérape alors vers une véritable addiction.

Ces principes de "fidélisation" ont d'ailleurs été intégrés comme composante de base dans les derniers jeux vidéo à la mode tels WarCraft, World of Warcraft plus communément nommé WoW par les habitués. Vous y évoluez virtuellement sur un plateau international où vos partenaires et adversaires connectés ne jouent pas dans les mêmes fuseaux horaires. Ainsi, ce n'est plus uniquement lors de vos phases de jeu qu'il vous faut être attentifs car vos intérêts virtuels sont exposés même lorsque vous dormez !

Une récente étude [Wilhelm Hofmann — 2012] effectuée en Allemagne auprès de 205 personnes âgées de 18 à 85 ans, tend à démontrer que l'addiction aux réseaux sociaux serait au moins aussi forte si ce n'est plus forte que celles de fumer ou boire (de l'alcool). Et ce n'est pas une légende puisque les cas "limites" se sont multipliés ces derniers temps. Dernière en date, cette jeune étudiante résidant en Grèce qui n'a pas hésité à pénétrer illégalement dans une maison afin de se connecter à Facebook... La propriétaire s'en est aperçue car la jeune étudiante, en plus d'être sans-gêne (c'est le moins qu'on puisse dire !), n'avait même pas pris la précaution d'effacer les traces de son "emprunt" (mais sans doute, cela ne lui a même pas effleuré l'esprit !)...

L'addiction se manifeste lorsque le geste compulsif et répété dépasse la simple dépendance. Nous sommes en effet dépendants de nombreuses relations. Par exemple, je suis dépendant de ma voiture pour faire mes courses ou mon activité professionnelle, dépendant aussi de mon ascenseur pour gravir les N étages menant à mon appartement. Puis-je m'en passer ?

À l'évidence, oui mais avec, c'est tout de même plus simple. Pouvons-nous alors nous considérer dépendants des réseaux sociaux ?

Certains diront oui sans hésiter dans la mesure où ils considèrent cette nouvelle relation entre des "avatars" comme essentielle à leur épanouissement. Dans les faits, nous pouvons aisément nous affranchir de ces liens virtuels. S'informer, échanger reste toujours possible même si la forme est différente. Alors de quelle relation sommes-nous le plus dépendant ?

La relation à l'autre via une machine ou tout simplement la relation à l'autre ?

Et si la dépendance primaire est celle qui nous lie à l'autre, avons-nous réellement besoin de l'intermédiaire de mise en relation ?

A fortiori non et c'est là que s'installe l'addiction puisque les victimes de ce "mal" ne savent plus distinguer l'un de l'autre.

La mobilité en plus

Aux terminaux mis à notre disposition pour nous maintenir connectés s'est ajoutée la mobilité. Nous sommes maintenant "online" 24h/24 et en tous lieux. Chaque instant disponible est consacré à son smartphone ou tablette connectée qu'il y ait ou non justification à le faire. En transport en commun, entre deux RDV, durant la pause-café, au creux d'une réunion, la moindre occasion de liberté est dédiée à vérifier l'existence du moindre stimulus. Ce comportement d'un genre nouveau tire en grande partie ses racines d'un phénomène récent, nourri par caution d'une pseudo "dépendance" (cf. définition ci-dessus) professionnelle.

Une étude récente (menée par IDC pour le compte de Facebook) semble confirmer le phénomène : 79% des personnes interrogées déclarent consulter leur smartphone dans les 15 minutes qui suivent le réveil. Pour 62%, c'est immédiatement après être sortis du lit.. Et pour 44%, c'est même le premier geste de la journée puisqu'il est utilisé comme réveil. Pour les 18-24 ans la statistique est encore plus impressionnante : 54% d'entre eux saisissent leur smartphone dès qu'ils ouvrent les yeux. Bien entendu, il s'agit là de l'usage du smartphone mais comme celui-ci devient la plate-forme de base pour environ 45% des utilisateurs de Facebook, on comprend mieux que le service américain soit le "sponsor" de cette étude...

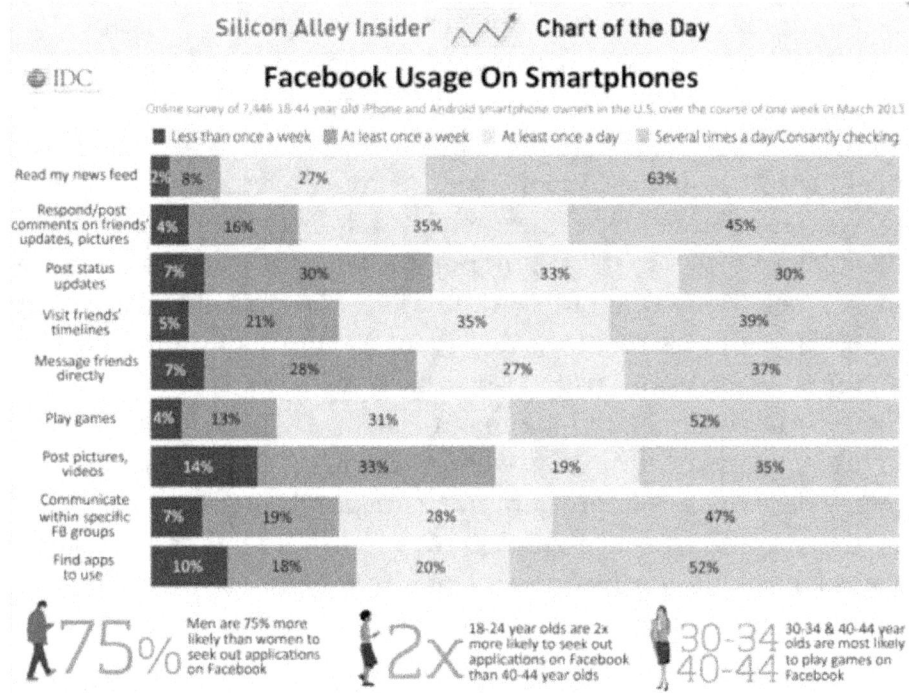

L'usage de Facebook sur mobile selon IDC...

De l'email au BlackBerry

Il y a encore peu, lorsque l'on envoyait une note, un mémo ou un courrier, celui-ci demandait un peu de temps pour son acheminement. Puis vint l'ère du BlackBerry.

Flanqué d'un véritable clavier associé à un écran N&B affichant quelques lignes de caractères pixélisées à outrance, l'engin n'affichait pas les canons de beauté des téléphones à la mode et pourtant... Naissait avec lui le principe du "push" où les emails étaient immédiatement poussés vers votre téléphone par le serveur dès réception.

À l'heure où les communications dématérialisées traversent le globe à la vitesse de la lumière, le message doit être délivré à son destinataire sans attendre. Les hommes d'affaires, s'auto-persuadant du bien fondé de leur action essentielle et immédiate au bon déroulement des transactions, feront le reste. Sans s'en rendre compte, les utilisateurs de cet appareil passaient alors d'une simple dépendance à une véritable addiction. Naissait alors simultanément le surnom "CrackBerry" pour ce BlackBerry afin de souligner la rapidité avec laquelle se faisait l'accroche…

Pour ma part, j'en étais même arrivé à l'emporter partout avec moi quelque soit le lieu et le moment… Je vivais avec, dormais avec et ressentais comme un déchirement le fait de le relier à son cordon de charge et devoir m'en éloigner ne serait-ce que momentanément. Isolé dans une bulle grandissante, je m'isolais de plus en plus, reléguant les relations du vivant à un niveau moins important que ce sacro-saint pseudo-business.

Comble du système, un email peut être envoyé à n'importe quelle heure, y compris durant les week-ends ou congés. On se dit alors que le destinataire appréciera notre disponibilité "corporate". On se sent si important, essentiel au bon déroulement des événements. Pire que tout, impossible d'être perçu comme le grain de sable, le chaînon manquant qui bloque le processus de décision même si l'on est (sans vouloir se l'avouer) un simple passe-plat.

Un comportement compulsif encouragé

Le caractère compulsif de ces comportements n'est pas combattu par les services de réseaux sociaux. Au contraire, il est même encouragé !

On a déjà beaucoup parlé de Facebook. Évoquons plutôt LinkedIn pour illustrer cette triste facette de l'évolution de services de réseaux sociaux… Même le très sérieux LinkedIn n'échappe pas à la tendance du "toujours plus vite, toujours plus facile !". Comme écrire des recommandations ne rencontrait qu'un maigre succès auprès de leurs utilisateurs, les promoteurs de ce services ont alors imaginé un moyen plus simple et moins impliquant que la recommandation écrite : l'approbation (endorsement) par simple clic !

Désormais, il vous est possible de confirmer toutes les compétences d'un collègue et/ou ami par une série de clics (ou même encore mieux, un seul clic pour le lot !) sur une section du profil de ce dernier… Simple, pratique, rapide, adopté !

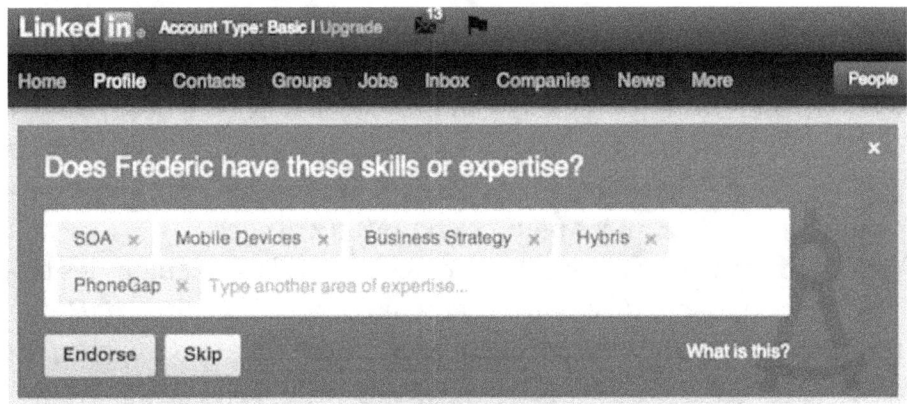

Une exemple de la fonction d'approbation telle qu'elle est pratiqué par LinkedIn...

Bien entendu, ce qu'on ne voit pas ici, c'est que cette fonction "bien pratique" favorise une utilisation bâclée du service. L'approbation ainsi obtenue n'aura que peu de valeur. Mais qu'importe, en favorisant ce réflexe compulsif (j'ai confirmé les compétences de mes contacts en quelques clics, vive le progrès !), LinkedIn sacrifie un peu d'interactivité au dépend de la valeur des contributions. C'est une tendance lourde, même sur les services réputés "sérieux"...

Chronophage
Cette disponibilité de tous les instants occupe inévitablement notre espace-temps limité à ses seules 24 heures. L'accès immédiat et permanent à ces plateformes sociales, récemment largement renforcé par l'accès nomade, a permis une envolée des temps moyens de consultation.

Selon Nielsen, le temps passé sur les réseaux sociaux a bondi de +63% entre 2011 et 2012. Quel que soit le pays, les réseaux et blogs sont aujourd'hui la première destination sur Internet et concernent plus de 60% des internautes actifs. Le temps consacré aux services de réseaux sociaux accapare la majorité du temps passé sur Internet. L'internaute moyen y consacre deux fois plus de temps que celui passé à jouer, trois fois plus que l'email et surprise inattendue, dix fois plus que celui dédié à l'accès à l'information ! Au global, même si le micro-ordinateur traditionnel (y compris dans sa forme portable) reste encore le terminal dominant tous réseaux confondus, les terminaux nomades (smartphones et autres tablettes) enregistrent une progression d'utilisation fulgurante. Plus surprenant encore, le boom observé par Nielsen est tiré par les plus de 50 ans… On y verra sans doute ici l'impact d'un pouvoir d'achat permettant l'accès plus aisé aux nouveaux terminaux particulièrement optimisés pour ces nouveaux usages.

Quand on y regarde de plus près, on comprend rapidement les travers chronophages de ces nouveaux usages.

Commençons par la constitution des "cercles d'amis". Certes, les algorithmes de plus en plus optimisés et autres automates de rapprochement des occurrences via un simple fichier d'emails facilitent grandement la démarche à condition d'appliquer un minimum de tri. Multipliez cette exigence sur l'ensemble des portails sociaux ayant grâce à vos yeux… On comprend vite que la multiplication de cette tâche est à éviter !

Faire du bruit

Étape suivante, s'exprimer… Viennent alors les banalités souvent insoupçonnées qu'elles soient de notre fait ou vues/lues sur les murs voisins : « Hier j'ai mangé un truc qui me pèse sur l'estomac », « J'ai la tête dans le c… », « Déjà le week-end ?, chouette », et ainsi de suite du même acabit. Pas besoin d'aller chercher bien loin : j'ai simplement ouvert mon propre compte Facebook.

Allez, lançons-nous sur un simple calcul : exister sur Twitter, c'est publier au moins 50 tweets par jour (ce seuil vient des "experts" du domaine, notons que la limite est fixée par Tweeter à 1 000/jours, c'est dire la latitude possible !), à distiller idéalement aux heures de visibilité idéales, c'est-à-dire au moment des plus fortes audiences. Pour rediffuser un article, une news, une info, encore faut-il l'avoir analysée afin de valider sa pertinence auprès de votre communauté. Dédions 2 à 5 minutes à la recherche et à la lecture (le plus souvent en diagonale) du papier original et une minute à la rédaction de votre avis accompagnant le RT. 50x3 (moyenne lecture et publication) = 2 à 3 heures quotidiennes dédiées au seul Twitter ! Auquel il faut donc ajouter votre présence sur Facebook (35 à 50 minutes en moyenne), vos sélections sur Instagram ou Pinterest

(5 à 15 minutes en moyenne), tout en gardant un peu de place pour le nouveau venu, la "social TV" (pour celles et ceux qui regardent encore la TV et il y en a, hélas...).

Au total, notre environnement social numérique dévore aujourd'hui jusqu'à 3 heures de notre vie quotidienne. L'effet moyen ne doit pas gommer les écarts observables avec de nombreux exemples dans mon entourage pour qui les temps passés online sont souvent supérieurs à 5 heures par jour. À ce stade d'occupation, les univers professionnels et personnels sont inévitablement affectés.

Un taux de dilution impressionnant !

De plus, quand on s'aperçoit de la faible durée de vie des tweets (ainsi que des liens postés sur Facebook et ailleurs), on peut légitimement se demander si ce "jeu" en vaut vraiment la chandelle ?

En effet, une étude menée par Bitly (un service de gestion des liens, voir à https://bitly.com/) la durée de vie d'un lien est très brève : en général, la demi-vie d'un lien Bitly partagé sur les services de réseaux sociaux est d'environ 3 heures, sauf si vous publiez vos liens sur Youtube où vous pouvez attendre environ 7 heures d'attention.

La notion de "durée de vie", selon Bitly, est lié au nombre de clics (density) enregistrés sur une certaine durée (ce qu'exprime le graphique ci-dessous) :

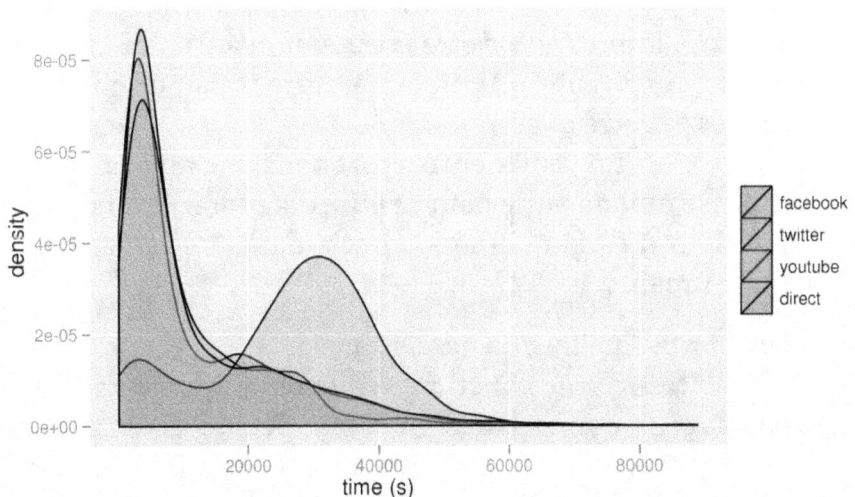

Cette volatilité est surtout perceptible sur Twitter qui est l'endroit où les contenus sont tellement éphémères qu'ont peut se demander à quoi sert d'y poster quoi que ce soit... Car l'idée reçue du moment serait que "Facebook est bon pour la masse" alors que Twitter est le réseau des gens intelligents, la tendance à la mode, le lieu où il faut être pour "exister"... Bien entendu, comme toutes les idées reçues, ceci est largement faux. Du coup, les opinions négatives sur ce service très médiatisé (et sans doute largement surévalué) commencent à se faire entendre... Florilège des avis qu'on trouve sur certains blogs :

> Il y a quelques jours, j'ai posé une question sur Twitter : Est-ce que Twitter vous a aidé dans votre vie personnelle ou professionnelle ?
>
> J'ai reçu une vingtaine de réponses et elle commençaient toujours par Non !
>
> Tous ceux qui m'ont répondu disent que Twitter ne sert à rien sauf à se divertir... L'instantanéité de Twitter est aussi son principal défaut car il ne sait pas mettre en valeur le bon contenu qui est de plus en plus rare de nos jours.

> Twitter ne sert à rien
>
> En effet, Twitter, c'est en fait l'uniformisation et la solitude. Chacun tweet dans son coin, des infos plus où moins passionnantes (« J'ai mal au ventre, je vais dodo, j'aime trop X ») en ayant l'impression d'être écouté alors qu'en fait vos followers qui suivent 500 personnes auront peu de chance de voir passer votre tweet.
>
> Twitter, c'est un peu crier très fort dans une maison de fous où tout le monde hurle pour se faire entendre. Cela fait beaucoup de bruit pour... rien. On crie dans un désert peuplé d'être humains.

> Twitter n'est qu'illusion narcissique
>
> Mais twitter a une fonction symbolique importante pour beaucoup. Il donne l'illusion d'être écouté et dans notre monde de communication, être écouté, c'est exister. Je ren-

contre beaucoup de gens fiers de dire j'ai 5 000 followers, je suis donc une personne importante… On peut avoir 50 000 followers sur Twitter en moins d'un mois : il suffit de suivre des comptes au hasard, 1 fois sur 3 vous êtes suivis par la personne en retour. Attendez une semaine, effacez-la de votre liste et vous avez 50% de chance qu'elle continue à vous suivre… enfin que vous ayez l'illusion qu'elle vous suit.

Si on veut se convaincre que c'est le futile et le divertissement qui règne sur les contenus des services de réseaux sociaux, il suffit de regarder quels sont les profils les plus suivis sur Twitter ou Facebook. Le top 10 de Twitter est sur ce plan édifiant (voir à http://www.20minutes.fr/web/diaporama-3023-regnent-twitter) : Justin Bieber est devant Lady Gaga. Suivent ensuite Katy Perry, Rihanna, Obama, Britney Spears et Taylor Swift (aucune idée de qui ça peut être !).

Le problème des trolls et du harcèlement

En novembre 2012, la justice britannique a sévèrement condamné un jeune homme qui avait pris pour passe-temps de s'acharner, notamment, sur une adolescente qui s'était donnée la mort (le pire, c'est que ce troll ne connaissait même pas sa victime !). Il devra passer un peu plus de 4 mois en prison et se voit banni des réseaux sociaux pendant 5 ans.

Plus récemment, au Canada, une jeune fille de 12 ans a été bannie de Facebook pour un an. L'adolescente avait menacé deux de ses camarades de classe pour une histoire de cœur. Outre l'éloignement du réseau social, elle sera en période probatoire pendant un an et devra exécuter cinquante heures de travail communautaire.

Selon une étude de Global Market Insite, on observe que l'envoi de messages injurieux ou violents sur les murs des membres de Facebook est devenu une pratique très courante dans certains pays. Si chez les Français âgés entre 18 et 34 ans, la pratique semble peu répandue (elle ne concernait que 7% des interrogés), le ratio est plus important au Royaume-Uni (17 % des 18-34 ans) et en

Allemagne (11 % des 18-34 ans). Concernant les messages privés, les dérapages sont encore plus importants. En France, parmi les 18-34 ans, 15 % ont déjà reçu des messages privés d'insulte ou de menace. Au Royaume-Uni et en Allemagne, 17 % des utilisateurs âgés de 18 à 34 ans ont déjà dû faire face à ce type de messages. L'étude de Global Marketing Insight a été menée en ligne entre janvier et février 2013. Un panel de 990 Français utilisateurs de Facebook et/ou de Twitter a répondu à cette enquête, aussi menée au Royaume-Uni et en Allemagne.

Bien évidemment, le harcèlement ou les comportements trop agressifs ne sont pas des nouveautés et sont loin d'être confinés aux services de réseaux sociaux. Mais c'est un exemple de plus de ces comportements déviants que permettent ces services avec un effet de levier démesuré.

Des comportements absurdes

Tout ce qu'on vient de voir auparavant était plus ou moins prévisible et même annoncé quelquefois. En revanche, ce qu'on n'avait pas vraiment imaginé, c'est que les utilisateurs de ces services (et surtout de gens que l'on croyait connaître !) allaient se comporter de façon aussi absurde !

On pensait que la grande masse des gens serait réticente à se dévoiler sur ces services et qu'est-ce qu'on a eu ?

Un exhibitionnisme débridé !

Combien de fois vous êtes-vous dit « Jamais je n'aurais publié ça sur moi sur Facebook » en voyant le contenu partagé par l'un de vos contacts ?

D'un autre côté, on peut considérer ces "révélations" comme précieuses : elles permettent de mieux situer les gens et ainsi de faire plus facilement le tri (problème : il ne reste pas grand monde à la fin !)…

Une plus grande transparence

Ces services permettent également de mettre à jour le comportement de vos contacts et pour ça, pas besoin d'espionner. Un simple exemple que vous êtes nombreux à avoir vécu : tel ou tel contact à qui vous envoyez une requête (question, travail à faire, etc.) et qui vous répond : « En ce moment, j'ai vraiment pas une minute à moi ! »

Et dans le même temps, vous constatez que ce contact a pu tout de même poster quelques photos futiles sur Facebook... Cette transparence involontaire est une bonne chose pour mettre les points sur les i mais bien sûr, cela peut aussi être décevant, frustrant voire douloureux (si c'est quelqu'un que vous aimez bien et qui se moque de vous ainsi...).

La nullité des débats

Dans les années 95/97, quand on évoquait l'avenir et l'impact de l'Internet, on croyait vraiment que cela pouvait améliorer les relations entre les gens et vivifier la démocratie. Oui, dit comme cela, c'est presque comique tellement c'était utopique...

Je n'étais pas le seul à avoir cet espoir... Il suffit de lire ce qu'écrivait Thierry Crouzet sur son blog :

> J'appartiens à la famille des utopistes (ou vieux cons si vous préférez) qui ont cru que le Net nous aiderait à changer notre organisation sociale pour nous offrir plus de liberté, plus d'équité, plus de respect mutuel, plus d'armes pour affronter les crises que nous traversons. J'ai fait l'éloge du cinquième pouvoir, de cette force sociale décentralisée qui échappe à tout embrigadement, et pendant ce temps nous avons laissé fleurir sur le Web les plus grosses structures centralisées de tous les temps.

Quand on voit combien les trolls ont gâché tout cela, on doit se résoudre à admettre que celui qui a prophétisé cette évolution en disant : « Le problème avec le village global, c'est l'idiot du village global » avait tout compris et tout résumé. Le parfait exemple du rêve qui a tourné à la mauvaise plaisanterie est symbolisé par le contenu d'un site comme **agoravox** qui partait d'un concept louable mais qui est devenu simplement un canal où les plus abrutis font déferler leur torrent de boue (pas ceux qui publient des articles mais plutôt ceux qui y laissent des commentaires, lamentables le plus souvent).

Ici, je dois avouer que je ne suis pas retourné sur Agoravox depuis longtemps (trop écœuré par ce que j'ai pu y lire), peut-être que cela a évolué en mieux mais, honnêtement, j'en doute (dites-moi si je me trompe, je serais trop heureux d'avoir tort sur ce point !). Le pire, c'est que cette tendance négative, nocive, se retrouve désormais partout ou presque… Même les blogs sur le simracing sont pollués par les commentaires débiles…

Un petit coup de "Facebook fatigue" ?
Selon une des nombreuses études américaines qui se penche sur le phénomène "réseaux sociaux" (celle publiée fin 2012 par le centre de recherche Pew), plus de la moitié des utilisateurs américains du réseau social en ligne Facebook ont déjà fait des pauses dans leur utilisation. Environ 61% des utilisateurs américains de Facebook disent avoir, à un moment ou un autre dans le passé, interrompu leur fréquentation du site pour une période de plusieurs semaines. Interrogés sur leurs motivations, 21% d'entre ont eux dit qu'ils étaient trop occupés à d'autres choses et n'avaient pas le temps de passer sur le site. Parmi les autres raisons citées figure le fait d'être "fatigué des commentaires stupides", d'avoir des amis "cinglés", ou d'avoir eu des problèmes dans sa vie amoureuse à cause du site. "Ces données montrent que les gens essayent de recalibrer leur vie pour y inclure de nouveaux outils sociaux", et "d'évaluer combien ils retirent de la connectivité par rapport au temps qu'ils y consacrent", a commenté l'un des auteurs de l'étude, Lee Rainie. Un peu plus de 2 adultes américains sur 3 qui utilisent Internet sont membres de Facebook selon le centre Pew. Parmi ceux qui ne le sont pas, 20% disent avoir fait partie du réseau dans le passé mais l'avoir quitté, invoquant des raisons comme "j'en ai eu marre de m'intéresser aux affaires des autres" ou cela "prend trop de mon temps".

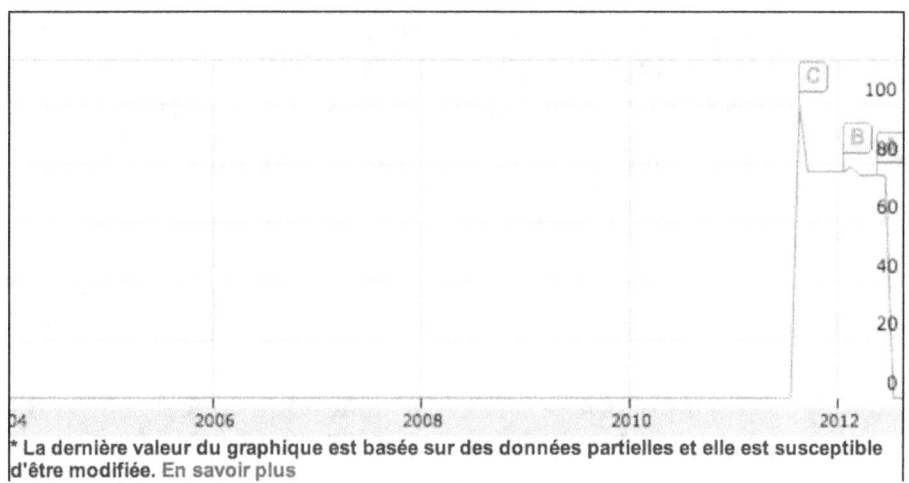

* La dernière valeur du graphique est basée sur des données partielles et elle est susceptible d'être modifiée. En savoir plus

Évolution du volume des recherches sur Google avec le
terme "social medias fatigue"... Significatif !

On peut s'attendre à voir des conclusions de ce genre devenir courantes dans les mois et années à venir. Le succès de ces services engendrant forcément un retour de bâton, une fois que la période d'émerveillement/nouveauté s'est effacée.

La médiocrité des contenus

Comportements absurdes, attitudes compulsives, addiction, jalousie, frustration, fuite de données... j'en passe et des pires !

Mais finalement, le pire de tout c'est de se rendre compte que ce qui est publié et partagé sur ces services ne vaut pas grand-chose (il y a des exceptions bien entendu mais malheureusement, ces exceptions restent très largement minoritaires : quelques diamants noyés dans un océan de boue).

Comme le dit Aref Jdey sur "le blog de la veille" (voir à http://www.demainlaveille.fr/2013/04/04/le-probleme-avec-twitter/) à propos des contenus qu'on peut trouver sur Twitter :

> Le problème avec Twitter, du moins du côté utilisateur est le ratio signal/noise ou autrement dit, comment identifier le bon grain de l'ivraie. Comme l'ont démontré plusieurs études, notamment celle de Pear Analytics, la majorité du contenu disponible sur Twitter c'est du bruit, du bavardage,

du bullshit. Ça peut être du choix des chaussettes le matin, du plat à manger à midi, de la pause café et de tout un tas d'autres émotions/affirmations/états d'âmes/déclarations.

D'après l'étude signalée par Aref, au moins 40% des contenus publiés sur Twitter ne sont, je cite, que « des bavardages sans intérêt » …

Disons-le tout net : une grande majorité des contenus publiés et partagés sur Facebook ou même Twitter ne dépasse que rarement le niveau moyen des pensées d'un individu doté du cerveau d'une huître (pour se faire une idée du type d'individu concerné, il suffit de faire un tour sur http://www.peopleofwalmart.com/ et si ça a fait rigoler, vous allez déchanter quand vous constaterez qu'on a les mêmes en France !).

Pour vous en convaincre, nous avons consacré le chapitre suivant à illustrer cette médiocrité (pour ne pas écrire, nullité) des contenus avec un spécialiste de la question : le fondateur de "Zéros Sociaux".

Risquons une prévision : les réseaux sociaux (et Facebook en particulier) vont continuer leur croissance mais… Mais les gens qui seront actifs dessus vont y mettre des contributions qui seront de moins en moins intéressantes. On le voit déjà un peu : certains quittent Facebook et manque de chance, ce sont justement des gens intéressants qui ont quelque chose à dire (et non des conneries sans nom à mettre en avant). Ceux-ci vont migrer sur Google + jusqu'à ce que ce service soit, lui aussi, touché par ce phénomène…

X Parce que quand je suis moi-même sur Facebook, je ne peux pas m'empecher d'être à la fois un pauvre crétin, un sale prétentieux, de taguer les copains sur des photos pourries, de faire des jeux de mots à la con, bref, PARCE QUE FACEBOOK FAIT DE MOI UN GROS NAZE !!

 Erwän Obion a encore reçu un prix du meilleur album !

💬 8   👍 2

 Erwän Obion se coupe les ongles de pieds
💬 2   👍 1

Erwan a commenté le statut de Paul Fortin
Erwan aime les cornichons

 Erwän Obion a fait un score de 448 m à Piou-Piou traverse la forêt.
💬 0   👍 1

http://obion.fr

Source et histoire complète par Obion à http://www.obion.fr/
blog/2010/10/facebook-mon-ami-2/

Le mot de la fin par Thierry Crouzet (extrait de son blog à http://blog.tcrouzet.com/2012/10/06/quitter-twitter-et-facebook-pour-survivre/) :

Aujourd'hui, je m'ennuie sur les réseaux sociaux. On me dit que je devrais mieux choisir mes amis, mieux filtrer les conversations. Le problème ne viendrait pas de Facebook ou de

Twitter mais de moi. Je ne suis pas d'accord. Il y a des bars où on se sent bien, puis où on se sent mal parce qu'on y croise des gens qu'on n'aime pas, aussi parce la musique est devenue plus forte, parce la décoration a changé, parce que les serveurs sympas ont été virés. Je mangeais bien chez Facebook et Twitter, j'y mange de plus en plus mal. Les patrons sont de plus en plus puants. Le lieu où nous discutons n'est pas neutre sur la teneur de nos échanges.

6- JUSQU'OÙ PEUVENT-ILS ALLER ? LA RÉPONSE GRÂCE À "ZÉROS SOCIAUX" !

Bien entendu, en nous lisant, vous avez naturellement pensé que nous avions tendance à exagérer, que la médiocrité des contenus postés sur les réseaux sociaux n'est pas systématique et sur ce point précis, vous avez raison. Mais la fréquence des contenus tout à la fois hilarants et désolants est tellement élevée que les sites parodiques qui les recensent et les rendent disponibles sont désormais nombreux. Pour bien situer le niveau de l'exhibitionnisme débridé (et là, une fois de plus, on constate que la réalité dépasse toujours la fiction) qui s'affiche souvent sur ces services dépasse l'entendement, nous avons interrogé un spécialiste de cette question, Brice Adjivon, fondateur de "Zéros Sociaux" (voir à http://www.zeros-sociaux.fr/), un site dédié à tous ces débordements qui s'affichent sur Facebook (pour le moment, Zéros Sociaux se limite à Facebook).

 ZÉROS SOCIAUX   *Droit dans le mur.*

Accueil | **À propos / FAQ** | Aléatoire | Contact | Envois | Les meilleurs articles de 2012 | Qui sommes-nous ?

À propos / FAQ

Zéros Sociaux est un site proposant des captures d'écran représentant les citations d'usagers du réseau social Facebook, il est ouvert à son public qui en compose lui même le contenu.

Voici donc l'interview de Brice Adjivon, fondateur du site "zéros sociaux" (entretien mené par email).

> Pourquoi et comment avoir commencé "Zéros sociaux" ?
- C'était il y a trois ans. Je voyais mes contacts Facebook sombrer l'un après l'autre dans une certaine médiocrité, suivre des mouvements de mode de plus en plus ridicules (Les groupes FB qui avaient des thèmes bien particuliers selon la période, les jeux "TU PENS KOI DE MOI LOL", les applications supposées vous annoncer qui a récemment visité votre profil…) et écrire un peu tout et n'importe quoi.
À l'époque, j'étais un visiteur régulier de Lamebook. C'est ce site qui m'a donné l'idée de créer Zéros Sociaux (sous le nom "Faceploucs" à l'époque). C'est alors à leur insu que mes précieux amis Facebook ont commencé à alimenter les premiers articles de ZS.

> Quelles sont vos catégories (les catégories de votre site) préférées et pourquoi ?
- J'aime beaucoup la catégorie "Comme ça se prononce" et je crois que c'est aussi celle que préfèrent les visiteurs. Je n'aurais jamais imaginé qu'un mot mal orthographié puisse autant me faire rire.
À chaque fois que je reçois une capture digne de terminer dans cette catégorie, je suis toujours un peu surpris, je n'y crois pas. C'est quand même fou, on a des gens de milieux différents et d'âges

différents qui -triste constat- ne prennent même pas la peine d'ouvrir un dictionnaire ou de taper ce qu'ils cherchent à écrire sur Google, ils s'en fichent complètement.

Du coup, on se retrouve avec des "malades de la Panisite", des "prises d'Armarsio", des gens qui "portent des Rebanes", etc.

Trois ans que je reçois des horreurs de ce genre, trois ans que je ne comprends pas ce qui peut passer dans la tête de ces personnes.

J'aime beaucoup recevoir des photos, aussi (catégorie Polarobides). Et la catégorie "Super Héros Sociaux". On reçoit très peu de contributions de ce genre, avec de bons jeux de mots et des choses bien écrites mais c'est toujours génial à lire et c'est plutôt rassurant quant à l'activité de beaucoup sur les réseaux sociaux.

> Constatez-vous une augmentation des "contributions" qui méritent d'être citées dans votre site et si oui, depuis quand ?
- Pas vraiment, c'est très aléatoire.

On reçoit entre 30 et 50 contributions par jour de la part de nos visiteurs. Beaucoup d'entre elles sont finalement rejetées. Ça va souvent avec les événements du moment, par exemple, on a eu une très nette augmentation de contributions vers le 21 décembre 2012 et c'était pas très joli à lire.

> Pensez-vous qu'on assiste à une dégradation du niveau global (culturel entre autres) dont les comportements absurdes sur les réseaux sociaux ne sont que le reflet (question qui n'est plus tout à fait liée à l'activité de votre site mais plutôt à votre opinion et expérience des réseaux sociaux) ?
Ou alors, ce sont la nouveauté et la spécificité de ces services qui provoquent (et encouragent) ces comportements aberrants ?
- J'aimerais beaucoup voir des statistiques officielles sur le sujet, c'est une question que je me pose régulièrement.

Une dégradation, je ne sais pas. Il y a quelques années, nous n'avions pas les réseaux sociaux et il était donc plus difficile de déceler de tels comportements, plus difficile de remarquer que vos amis d'enfance font des montages Paint avec les photographies de leur furet décédé ou que vos collègues de travail sont convaincus que "Apparemment" s'écrit "A par a m'en". J'ai par exemple dans le groupe Facebook de ma fac des étudiants de troisième année de droit qui font ce genre d'absurdités. Peut-être ont-ils toujours été comme ça ?

> Pensez-vous que certains services plus professionnels (comme Linkedin pour ne pas le nommer) échappent à cette tendance (comportements absurdes et inappropriés) ou qu'il s'agit d'une tendance générale de fond ?
- Une tendance générale, assurément.

> Avez-vous beaucoup de demandes de la part d'utilisateurs qui souhaitent voir effacer les traces présentes sur votre site ?
Ces demandes sont-elles croissantes ou stables ?
- Nous en avons, oui. À peu près une par mois. Certaines sont aussi drôles que nos articles : https ://www.facebook.com/photo.php? fbid=501013439914236&set=pb.179161955432721.-22075200 00.1360581331&type=3&theater
Toutes nos captures sont anonymisées, il est en principe impossible d'y reconnaître qui que ce soit. Toutefois, certains visiteurs tombent par le plus grand des hasards sur leurs œuvres et estiment que ça peut leur poser un préjudice. Ce que je trouve assez drôle puisque quand ces personnes vont poster ces idioties en public sur leur mur Facebook avec leur nom et tout ce qu'il faut pour les identifier, ça ne leur pose aucun problème.
Certains vont même jusqu'à nous réciter des articles du code civil sans savoir ce qu'ils signifient.
Ces demandes sont stables.

Message

j'ai vu que on as mit a m'on inssue une étourderie par rapport a mon bac ou j'ai pus écrire metion avec deux ss

en regardant quelque page de lois de la vie qu'il y a privée et des comentaire et que beauçoup de perssonnes ce sont ouvertement foutu de ma guele je trouve qu'il y as toute mes preuve en main pour que je porte plainte de votre cite ... et pardonner mes fautes orthographes mais si vous n'enlever pas la publication dans quelque jour je part a la gendarmerie

J'aime Commenter

> Vos autres sites (Eros Sociaux & Lol Annonces) indiquent-ils les mêmes tendances, les mêmes absurdités et les mêmes dérives ?
- Je ne suis que co-créateur d'Eros Sociaux et partenaire de Lol Annonces mais en principe, oui, on assiste au même phénomène.

Merci à Brice pour ces réponses éclairantes. Il est tout à fait significatif de voir que certains ne réalisent l'absurdité de leur comportement qu'une fois que ce dernier épinglé sur un site spécialisé comme Zéros Sociaux... Bien entendu, ces comportements aberrants ne sont pas simplement l'apanage de quelques anonymes particulièrement attardés, des hommes et des femmes politiques ont montré que l'usage de Twitter pouvait réserver des (mauvaises) surprises...
On pense en particulier à ce représentant du congrès américain (Anthony Weiner, en mai 2011) qui envoyait des photos à caractère sexuel à travers ce service sans réaliser que, du coup, ces im-

ages devenaient publiques !

Alors qu'on redoutait surtout une brèche dans la vie privée, c'est finalement l'exhibitionnisme qui s'est révélé le principal (et le plus spectaculaire !) travers de l'usage de ces services…

Avec les services de réseaux sociaux, il est clair que la bêtise semble avoir trouvé son terrain d'expression le plus favorable. Du coup, elle se répand partout comme un virus. Et avec elle, c'est comme une réaction en chaine : la bêtise s'accompagne de la médiocrité, d'une certaine bassesse, de voyeurisme et de moqueries. Les exemples sont omniprésents et les citer encore une fois seraient leur donner une valeur qu'ils ne méritent clairement pas.

Maintenant, la vraie question est la suivante : assiste-t-on à une crise de l'intelligence (le niveau s'effondre et les réseaux sociaux sont le révélateur de cet effondrement) ou bien est-ce simplement une révélation de ce qui a toujours été présent (le niveau général est plutôt bas et les réseaux sociaux ne sont qu'un miroir grossissant de cette médiocrité).

Les deux hypothèses ont chacune des éléments qui les confirment. Pour ce qui est de l'effondrement du niveau, on le constate sur de multiples critères depuis au moins dix ans. Pire, on sait désormais que l'organisation de notre société encourage l'irresponsabilité individuelle qui est la première étape vers un abaissement du niveau du citoyen. Bien entendu, on peut comprendre que l'État français et ses grandes institutions organisent artificiellement la dépendance des citoyens vis-à-vis de "toujours plus d'Etat". Il encourage l'irresponsabilité afin de pousser toujours plus les gens à s'en remettre à l'Etat et à ses institutions pour tout et n'importe quoi (école, vaccination, etc.).

Cette surconsommation des services prodigués par l'Etat permet de justifier les ponctions sur les revenus de toutes sortes. Vous l'avez réclamé, vous en dépendez, maintenant il faut payer !

L'effet pervers de cette "politique" est que cette population dépendante est tirée vers le bas plutôt qu'aspirée vers le haut… Comment s'étonner ensuite que les comportements les plus médiocres trouvent désormais un terrain d'expression (les médias avec les émissions de "télé réalité" pour celles et ceux qui sont retenus, les réseaux sociaux pour les autres) où les plus abruti(e)s sont "valorisés" au-delà de leur espérance...

A contrario, on objectera que la bêtise la plus crasse a toujours été présente, rampante à tous les stades du développement de l'histoire humaine. Simplement, elle avait moins droit de cité car les moyens d'expression (eux-mêmes limités techniquement et dans leur diffusion) étaient réservés aux élites. La bêtise aurait ainsi perduré relativement discrètement, contenue, restant dans son terrain d'origine populaire uniquement parce que les conditions n'étaient pas réunies pour qu'elle s'affiche au grand jour. Le grand tournant s'opère lors de la dernière partie du XXème siècle et s'amplifie lors de ce début de XXIème. L'explosion des médias change la donne : d'une part, il faut toujours plus de contenus pour alimenter les canaux en expansion (stations de radio et chaines de télévision toujours plus nombreuses), d'autre part, il faut toujours plus d'audience pour justifier de l'expansion de ces canaux. Où trouver l'audience ?

Dans les couches dites populaires où se trouvent les gros bataillons de ces audiences dociles et captives. Et que leur donner comme contenu ?

Ce que ces populations réclament : du divertissement. Celui-ci s'exprime ensuite sous diverses formes : sport, fiction ou même actualité si on sait comment la présenter...

Ce tournant des médias a permis d'identifier une loi fondamentale de notre monde moderne : le niveau de l'audience est inversement proportionnel aux moyens employés pour le spectacle (sa conception, sa réalisation et sa diffusion) regardé par ces spectateurs (qu'il s'agisse d'une épreuve sportive ou d'un concert ou autre : cette loi concerne tous les rassemblements où s'exerce une relation acteur(s)/spectateurs).

Par exemple une pièce de théâtre demande des moyens relativement modestes : un texte, une troupe (éventuellement avec très peu d'acteurs) et une scène (éventuellement avec très peu de décors)... Voilà tout.

Cependant, l'audience qui assiste à la représentation doit avoir un bon niveau pour saisir le message du texte et la subtilité du jeu des acteurs. Attention, je ne suis pas en train de faire l'apologie systématique de **toutes** les pièces de théâtre !

Là comme ailleurs, le sublime côtoie facilement le ridicule, surtout en ce qui concerne le théâtre dit "moderne". Mais c'est juste un exemple pour me faire comprendre.

À l'inverse, une course de F1 (par exemple) exige des moyens autrement plus coûteux et compliqués : un circuit permanent avec toutes ses infrastructures, un plateau composé des écuries habituelles avec leurs voitures hypersophistiquées et une nombreuse troupe d'acteurs très spécialisés (des pilotes aux commissaires de piste). Et je ne parle même pas des moyens employés pour retransmettre la course en direct à la télévision (nombreuses caméras, y compris embarquées sur les voitures, liaisons satellites, commentateurs en plusieurs langues, etc.).

Les moyens sont là mais le niveau de l'audience est déjà beaucoup plus bas (j'aurais pu faire un exemple avec les matchs de football mais on m'aurait taxé de partialité…)… En effet, comment peut-on justifier d'apprécier la F1 de ces dernières années ?

Le spectacle est inexistant (non, je n'exagère même pas et c'est bien cela qui est triste) tout comme le suspense. On pourrait me rétorquer que les fans de F1 sont des esthètes capables d'apprécier la pureté mécanique et la vitesse extrême procurée par le pinacle du sport auto… Même pas. Pour ce qui est de la vitesse, les 500 miles d'Indianopolis sont bien plus impressionnants et le suspense est plus souvent présent aux 24 Heures du Mans. Alors, comment comprendre que la F1 draine de telles audiences (en volume plutôt qu'en qualité) ?

Tout simplement parce qu'on a dit et répété à ces amateurs de sport auto « voici le sommet du sport automobile : ici sont réunis les meilleurs pilotes et les voitures les plus rapides jamais construites. C'est la pointe absolue de cette discipline… Prosternez-vous et appréciez, point. »

Remarquez bien que ce type de raisonnement s'applique tout aussi bien à d'autres sports comme le foot ou le rugby où le spectacle peut être absent mais qui rassemble quand même les foules simplement parce que "c'est la coupe du monde"...

C'est là où c'est vraiment triste : ces gens ne vont pas apprécier tel ou tel spectacle en fonction de leurs critères personnels mais plutôt en fonction de ce qu'on leur dit. Ceci explique une bonne part de la popularité endémique du football... Nombreux sont ceux qui suivent les championnats de foot simplement "pour faire comme tout le monde" (n'oublions pas que la pulsion d'intégration est un puissant moteur à l'œuvre en permanence dans l'immense majorité des cas... On imagine les ravages dans le cas des "supporteurs" !).

Bref, on l'aura compris, tout ce qui est universel est inévitablement médiocre.

Alors finalement, qu'elle est l'hypothèse à retenir ?

Est-ce celle où le niveau de la bêtise serait constant mais où on lui donnerait plus de moyen d'apparaitre au grand jour ou bien assiste-t-on bel et bien à un effondrement général du niveau ?

La bonne réponse est sans doute entre les deux : oui, la bêtise a toujours été une des caractéristiques du genre humain mais les moyens modernes ont favorisé et encouragé son omniprésence causant ainsi une effondrement visible du niveau général de nos contemporains.

7- SÉPARER LE BON GRAIN DE L'IVRAIE

Une telle désillusion ne peut toutefois masquer de réelles perspectives propres aux services de réseaux sociaux. Après tout, avec plus d'un milliard de comptes Facebook (et 500 millions de comptes Twitter) et une valorisation estimée à plus de 100 milliards de $, il serait absurde de ne pas y trouver un fond d'intérêt.

Au passage, cela nous donne une valorisation par abonné de 100$. Ce calcul simple et reproductible sur la quasi-totalité des services de réseaux sociaux (ceux qui affichent le début du succès au moins !) attise les appétits. Au-delà du versant purement professionnel (hors sujet dans notre présent exercice), cela tend à légitimer la présence aux seules fins personnelles. Il s'y passe bien quelque chose et pour nombre d'entre nous, il convient d'en être pour ne pas être "has been".

Toutefois, comme nous l'avons vu précédemment, il règne parfois (souvent ?) un certain "flou" sur la réalité ou la possible mobilisation des communautés. L'interactivité observée ne touchant concrètement que 10 % au mieux de nos relations, comment considérer les 90 % silencieux ?

La valorisation escomptée fondrait-elle alors comme neige au soleil ?

À moins que cette majorité discrète ne soit pas si passive ou inintéressante que cela...

Le cas Facebook (notamment sa capitalisation boursière) n'est qu'un exemple révélateur d'un pari sur un avenir certain ou toute relation sociale s'inscrira sans doute dans un nouveau système de valeurs (dont certains ne manqueront pas de trouver un versant mercantile…).

Tentons ensemble de mettre en lumière ce potentiel aujourd'hui en partie occulté par de nombreux pièges et mirages aux alouettes abordés dans les chapitres précédents.

Nous avons ici aussi fait appel à notre communauté et l'avons interrogée sur ses attentes envers les réseaux sociaux. Quelques questions fort simples mais les invitant à émettre des avis tranchés dont voici quelques exemples : « Si vous ne deviez garder qu'un seul réseau, lequel serait-ce ? Motivez votre choix » Vous retrouverez ci-après quelques extraits de ces entretiens.

Une nécessaire maturité

Première évidence, Rome ne s'est pas faite en un jour. Internet ne déroge pas à la règle et il en a toujours été ainsi à chaque arrivée d'un nouveau média. Les artisans du nouveau vecteur de communication venu ont toujours commencé par y transférer le savoir faire déjà maîtrisé sur le(s) média(s) historique(s). À croire que l'on a, à chaque fois, privilégié le contenant avant de penser le contenu. Sans refaire l'histoire, rappelons brièvement que la radio fut préemptée initialement par les hommes de presse trouvant dans la radio un prolongement de leurs publications papier. La radio aura mis plus de 20 ans avant de s'approprier des territoires d'expressions qui lui sont propres.

Idem pour la télévision qui s'illustrera dans un premier temps avec des hommes de presse, radio et cinéma et mettra elle aussi au moins 20 à 30 ans avant de s'exprimer avec des programmes spécifiques.

Concernant Internet et les médias sociaux, il semble qu'à l'image de la "courbe du hype" du Gartner Group, nous sommes en train de plonger dans le "puits de la déception" après avoir grimpé le "pic des attentes excessives" !

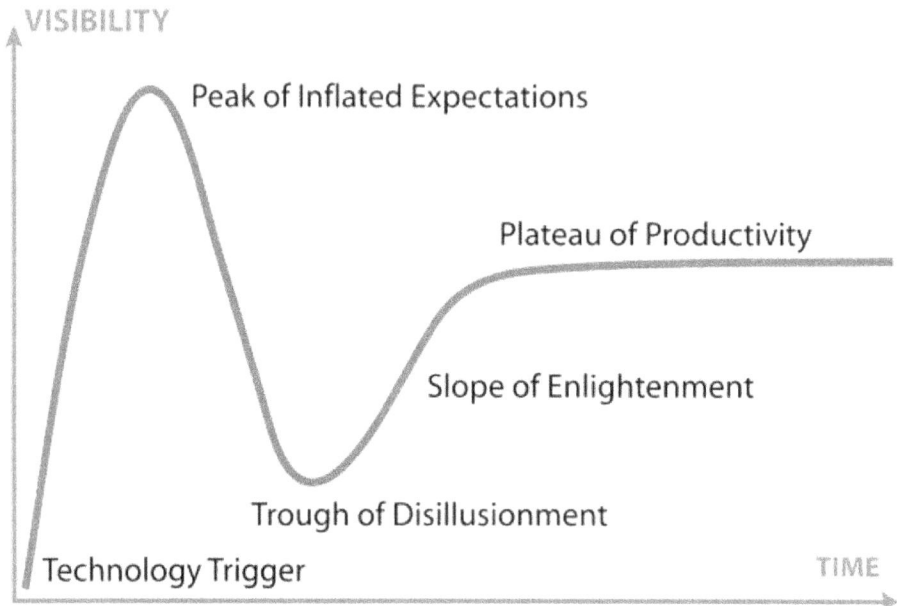

VISIBILITY

Peak of Inflated Expectations

Plateau of Productivity

Slope of Enlightenment

Trough of Disillusionment

Technology Trigger

TIME

La fameuse "courbe du hype" du Gartner Group, souvent utilisée
pour illustrer le cycle allant de l'introduction à la banalisation d'une
nouvelle technologie et des usages qui l'accompagnent...

Mais ne nous décourageons pas : après ce haut et ce bas, vient la
période plus raisonnable qui mène au "plateau de la productivité",
à nous d'en trouver le chemin !

Pour éviter le piège du conformisme et des dérives absurdes, tout
repose sur un usage raisonnable de ces services afin d'en tirer le
bénéfice tout en évitant les inconvénients.

Internet n'échappe pas à la règle et il nous aura fallu une bonne
quinzaine d'années avant que naisse un concept propre au média
et non transposable sur les autres... les services de réseaux sociaux.

Qu'avons-nous hérité de cette lente maturité ?

Liberté de consultation, liberté d'expression

Le premier point auquel on pense spontanément est **la Liberté**,
tant d'expression que de consultation. Internet 1.0 avait déclois-
onné les frontières, la version 2.0 l'a considérablement simplifiée
en la rendant participative, communautaire et accessible. Un peu
à l'image des paraboles satellitaires ayant permis de décloison-

ner progressivement les pays de l'Est avant la chute du Mur, il est de plus en plus difficile de contrôler l'information qui circule sur les réseaux. Même dans des pays où les accès à Internet sont fortement contraints, il est impossible de bloquer la diffusion hertzienne aux frontières. La perméabilité y est alors importante, les réseaux sociaux réels ou virtuels enclavés font alors le reste.

Cette formidable liberté charrie toutefois son lot d'effets de bord, à commencer par la profusion. L'enrichissement des sources est évidemment générateur de nouveautés mais le plus gros des contenus reste redondant entre les sources. Il est aujourd'hui plus complexe que jamais de s'y retrouver.

Chacun a voix au chapitre

À cet enrichissement s'associe également la **pluralité des sources**. Chacun a voix au chapitre. L'information cadrée, stéréotypée, éventuellement censurée, peut donc aisément être challengée. Reste alors à donner à cette information "critique ou alternative" un canal de communication suffisamment exposé. Autant le Web 1.0 se prêtait mal à la diffusion de masse sans un référencement pointu, autant les réseaux sociaux ont apporté d'une part l'exploration minutieuse des recoins du Web et d'autre part la capacité d'un écho viral instantané.

Renforcer les liens avec la vie réelle

La deuxième valeur renforcée par nos réseaux sociaux est sans conteste **la Convergence**. Au premier stade, cette communication électronique est venue renforcer les liens de la vie réelle. Il est d'ailleurs surprenant de voir comment les réseaux sociaux ont peu à peu pris le pas sur une part des communications initialement dédiées à l'email. On y entretient maintenant les communications de premier degré avec ses proches, sa famille. La gestion des communautés, des "cercles" ou listes de diffusion permettant de cloisonner autant que possible les communications.

> Extrait des entretiens : « Facebook que j'utilise pour gérer mon réseau familial (oncles, tantes, neveux, nièces...) et amis. Facebook est vraiment orienté pour ce type de réseau.

Tu peux chatter, gérer tes propres groupes, calendrier et messagerie... »

Les réseaux sont un peu devenus l'équivalent de la "carte postale" à l'instar de la lettre restée elle, dans le précarré de l'email. On partage ainsi aisément une photo, un moment de vie, un bref commentaire avec une communauté, le cœur du message ne revêtant pas de critère majeur de confidentialité, peu importe alors l'étendue de la lecture.

Extrait des entretiens : « Je garde Facebook car il m'apporte quelques sourires, des choses futiles qui font du bien pour faire une pause. Il me plaît car il est le reflet de la société et des Hommes : beaucoup de vide, des informations qui tournent en boucle, de la désinformation, de l'inutile... Ce qui me plaît le plus, ce sont les fausses informations que tout le monde reprend sans se poser de questions (le café du commerce), les photos idiotes que tu postes et qui cumulent plus de "like" et de partages que des réflexions intelligentes... la vie quoi. »

L'exercice peut paraître simple et sans contrainte. Il convient toutefois de rester vigilants et de bien réfléchir aux informations publiées. Ne perdons pas de vue que les réseaux sociaux sont un espace communautaire et en aucun cas un espace privé (oui, ça valait le coup de le redire une fois de plus !).
À l'heure de notre usage de l'Internet 2.0 et plus particulièrement des réseaux sociaux, il convient donc de se responsabiliser, réfléchir et ne pas faire n'importe quoi.
Il convient aussi aux plus anciens, expérimentés mais aussi nourris de l'avant Web, d'éduquer les novices et nouveaux venus. Sans connaissance de notre histoire, de notre passé, il est en effet impossible de se projeter dans le futur. Vous avez tous vu Matrix (si ce n'est pas le cas, complétez dès que possible votre culture cinématographique) ?
Seule la connaissance du monde alternatif permet à Néo de le distinguer du virtuel.

Le formidable "effet de levier"

Ce décloisonnement de la sphère privée dont les quelques représentations passent irrémédiablement tant le tamis des moteurs de recherche et indexeurs permet également **l'Amplification.** C'est ainsi que l'on retrouve aussi aisément l'ami de 20 ans que le nouveau venu croisé opportunément lors d'une soirée. Les liens éphémères de la vie réelle trouvent alors une concrétisation virtuelle. L'amplification concerne également le volume des échanges démultipliés par l'exploitation de ces microniches temporelles (transports, attente d'un RDV, etc.) qui sont autant d'initiatives à publication d'un statut ou avis porté sur celui d'un tiers. Cette amplification mêle souvent les expressions familiales et professionnelles. On note d'ailleurs que nombre d'utilisateurs ont encore du mal à faire un distinguo clair entre les différents réseaux, certains combinant sur un même réseau les différentes fonctions...

> Extrait des entretiens : « Sur le plan transverse (pro et perso) : Google + parce que ses utilisateurs "filtrables", grâce à mes "cercles Google + " correspondent à mon profil et que leur mode d'utilisation de l'outil (trouver des documents intéressants publiés sur le Web) correspond au mien. »

D'autres segmentent parfaitement les fonctions et préfèrent dédier certains réseaux à une simple fonction personnelle et d'autres à la représentation pro.

> Extrait des entretiens : « Si je ne devais garder qu'un seul réseau pro, ce serait sans conteste LinkedIn pour plusieurs raisons. La première, c'est que j'ai toujours fait un usage différencié de mes réseaux sociaux. Sur LinkedIn, sauf exception, j'ai décidé de ne me connecter qu'avec des gens non seulement que je connaissais réellement mais plus encore avec lesquels j'avais déjà travaillé ou du moins eu une interaction professionnelle. Résultat : il est beaucoup plus qualifié que les autres réseaux, les recommandations que j'ai reçues

et que j'ai données correspondent à une réalité, j'ai un bon niveau de confiance avec mes contacts qui n'hésitent pas à relayer mes demandes aux leurs, etc. Par ailleurs la tournure éditoriale que prend LinkedIn me convient : les news qu'ils me proposent m'intéressent le plus souvent. Enfin la version gratuite me convient parfaitement. Que demander de mieux ? »

La multiplicité des points de contacts, tant temporels que de lieux, favorisent implicitement l'intensification des échanges mais aussi l'attente de la nouveauté. Cette veille exacerbée entraîne une réelle augmentation de la vitesse de communication.

Celle-ci se veut maintenant **Rapide** voire **Instantanée.** S'informer ou plus simplement partager une idée, une opinion ne font pas des réseaux sociaux une nouveauté en soi. Avant les réseaux sociaux, cela prenait simplement un peu plus de temps.

Extrait des entretiens : « Franchement pour moi, c'est tout l'Internet qui est un "réseau social". Que tel ou tel site ou telle mode 1.0, 2.0 ou 3.0 puisse évoluer, cela ne change rien des ambitions que l'on avait en 1994 et avant. La véritable transition de 2000-2020 c'est l'extension des télécoms et de l'Internet comme prothèse quasi-permanente de nos cerveaux et de nos sens avec les smartphones, tablettes, pc et autres terminaux. En cela, une dimension psycho-sociale inédite a émergée de l'objet technique "Internet". Mais le terme "réseau social" restera sans doute uniquement dans le vocabulaire des techniciens. Les gens normaux ne s'embarrassent pas de telles distinctions. Ils disent "une bagnole" et pas "une berline", "un coupé", "un SUV" ou "un utilitaire". »

Mais les réseaux sociaux ont introduit de **la relativité** dans les temps des médias linéaires. Revenons quelques instants à nos entretiens abordés au chapitre 2. Tels que me le décrivent mes interviewés, ils sont une sorte de moyen permettant de suivre en léger différé une émission sur la chaîne X alors que vous êtes en train d'écouter la chaîne Y. Mieux que la simple écoute, vous béné-ficiez en sus, grâce aux réseaux sociaux, d'un résumé de ce qui s'est dit !

Inutile de réécouter l'intégrale ni même de vous rendre sur le flux différé du média, vous avez juste à parcourir vos flux issus des réseaux sociaux où vous verrez immédiatement apparaître la moindre information ayant suscité l'intérêt. La redondance de cette même info, reprise N fois par vos connexions vous donnera accessoirement la profondeur ou amplitude donnée à l'événement (bien sûr, nous proposons ici la version "lunettes roses" de cette analyse...).

Selon les chiffres publiés récemment, ce sont plus de 23 millions de tweets échangés lors de la dernière édition du Superbowl, soit 8 millions de plus que la précédente édition. Facebook, de son côté, estime à 54 millions les échanges et commentaires générés à la même occasion.

L'analyse de ces échanges remet en lumière deux approches. D'une part, celle visant à ne porter intérêt qu'aux leaders en espérant une réplication des adhésions par les suiveurs, c'est la règle du 1-9-90 et d'autre part, l'analyse comportementale et "circulatoire" de la majorité silencieuse, c'est ce que certains nomment le Big Data du 99 %.

La règle du 1-9-90 encore une fois

Commençons par un peu de méthode. Peut-on aborder ces nou-veaux espaces avec les seules méthodes et outils propres aux mé-dias traditionnels ?

À l'évidence non car dans le cas des médias historiques, nous avons à faire à une relation de type "Simplex - One for All" alors qu'avec les réseaux sociaux la relation s'enrichit d'une voie de re-tour, elle devient alors (théoriquement) "One to One — full du-plex".

Dans les faits, compte tenu des phénomènes d'adhésions de masse propres aux médias sociaux, nous parlerons plutôt d'une relation de type "one for many", l'émetteur du message s'adressant à une communauté ciblée plutôt qu'à un seul individu.

Comme abordé à de nombreuses reprises précédemment, les médias sociaux s'appuient, entre autres, sur la notion fondamentale de leader ou d'influenceur considérée comme le moteur de la montée en puissance de ces nouveaux univers. Pour certains, ces leaders d'opinions représentent l'excellence incarnée du communiquant. Le modèle devrait donc être construit autour de ces micros communautés.

Reprenons alors le modèle de Keller et Berry abordé notamment dans « the influentials » et considérons que 90 % de l'activité n'est que du bruit connexe et que seuls les 10 % restant sont les flux essentiels à exploiter. Je n'entends pas par là qu'il soit nécessaire de jeter les 90 % mais juste de désaxer l'analyse et se concentrer sur les 10 % afin de mieux agir alors par simple transitivité sur les 90 %.

J'oserai même à cette occasion, renforcer le principe et suggérer une règle plus pointue de type 1-9-90. Je note qu'un leadership apparaît quasi systématiquement dans le sous-échantillon des 10 %. Nous avons alors 1 individu qui pense, 9 l'accompagnent dans un rôle contributif et 90 suivent.

Notez que cette hypothèse rejoint idéalement le constat fait au chapitre 2. Un abonné d'un réseau social interagit directement et régulièrement avec au maximum 9 % (environ) de son réseau, tout en escomptant l'écoute plus ou moins passive des 90 % restant.

L'attrait de l'audience passive

La puissance d'Internet en fait à l'évidence un média de masse et ce n'est pas parce que seul un nombre restreint d'individus interagit spontanément sur une sollicitation que le reste de la population n'est pas exposée au message. Cette masse souvent silencieuse, kaléidoscope de la diversité des populations, constitue le poumon du système. En effet, sans écho et résonance, point de leadership influent !

Précisons au passage une différence notable entre Internet et les médias traditionnels. Dans ce dernier cas, l'influenceur est souvent placé côté média et directement intégré à la communication.

Ainsi une célébrité jugée influente (égérie de marque vis-à-vis de laquelle on aime se reconnaître) sera mise en scène au sein des créations médias. À ce stade, l'influenceur est totalement encadré et le message transmis calibré...

En tenant compte d'une nouvelle race de leaders, cette fois-ci placés de l'autre côté de la relation de communication, la notion d'influenceur devient plus large et s'enrichit de différents cercles d'influences supplémentaires ayant leurs propres territoires d'expressions.

Il apparaît donc essentiel de créer de l'affinité puis de fidéliser les contacts initiés. Intervient alors une composante essentielle. Cet ingrédient d'un genre nouveau, gage de réussite de ce qui semble aujourd'hui être l'ébauche d'une bonne recette, n'est autre que l'**Engagement**.

Pour mieux comprendre ce nouveau phénomène, j'ai de nouveau puisé dans mes rencontres opportunes. "M.", nouvelle spécialiste auto-proclamée des réseaux sociaux, résume le principe en une phrase :

- « C'est un endroit de cristallisation des émotions où on réalise des actions plus ou moins engageantes. Cela contribue à la construction de l'expérience, de la préférence. »

En une phrase, "M." fait une synthèse de ce qui semble être les points clés du moment. Tout ou presque y est. C'est l'endroit de la convergence des circulations, au sein d'un système viable, sans oublier de maintenir le mix relationnel entre les médias traditionnels et le online... Lorsque l'on sait que les mécaniques relationnelles, qu'elles soient humaines ou commerciales, s'appuient essentiellement sur l'émotion !

Elle semble avoir tout compris...

Le "like" devient une simple mécanique d'adhésion qui permet d'ailleurs à certains de s'affranchir d'une certaine pudeur dans la logique de groupe.

- « Quand tu passes 500/1 000 followers, il y a un truc à la Crozier (Michel Crozier est un sociologue français, né le 6 novembre 1922. Il est le principal concepteur de l'analyse stratégique en sociologie des organisations, NDA) ou finalement les gens qui se sentaient protégés retrouvent une forme de pudeur ou d'autorégulation. On a déjà identifié qu'à partir d'une grande communauté, les niveaux d'engagement sont réduits au minimum à des notions de j'aime/ j'aime pas et moins à des commentaires. »

Les communautés, pour être expressives, doivent répondre à des règles de constitutions bien précises. Trop petites, elles sont peu représentatives et donc peu engageantes... trop importantes, elles sont contraintes par la peur du regard de l'autre.
- « Le niveau d'influence n'est pas simplement le propos, le niveau d'autorité, la pertinence éditoriale. C'est aussi le maillage, la puissance. Aujourd'hui, prime encore pour certain le dénombrement. »

Idem pour l'auditoire et lorsque je demande à "M." si le message peut être transmis de façon générale au plus grand nombre et ainsi faire l'impasse des leaders d'opinion, elle nuance immédiatement :
- « Non, il faut segmenter les populations. Il y a plein de sous-communautés qu'il convient d'identifier, puis d'engager avec des contenus différentiant et des informations adaptées.
Si l'on devait se résumer, on dirait que lorsque je suis en situation de choix, que ce soit auprès de mes amis ou d'une relation professionnelle, je vais choisir le lien avec lequel je suis le plus engagé. C'est ce que j'appelle susciter la préférence... »

Si l'on n'y prêtait pas attention, on passerait à côté de l'essentiel de cet énoncé. "M." place bien l'univers des réseaux sociaux en sandwich entre des univers bel et bien réels.
Se pose alors une question à laquelle nous n'échapperons pas : les services de réseaux sociaux peuvent-ils exister par eux-mêmes ?
En d'autres termes, qu'adviendrait-il de ces réseaux sociaux sans la puissance initiatrice des médias traditionnels. ?
- « Pour l'instant, ça ne marche pas sans les médias traditionnels mais c'est générationnel. Prenons l'exemple de la santé. Les plus anciens d'entre nous ne jurent que par la presse spécialisée. Les middle-age conjuguent presse papier et Internet. Les nouvelles générations se nourrissent quasi exclusivement sur les médias so-

ciaux (doctissimo…). C'est donc juste une histoire de temps. »

CONCLUSION- UNE DÉMONSTRATION DU BÉHAVIORISME DE SKINNER ?

Si l'on devait enfin se résumer, nous retiendrions 4 valeurs : l'engagement, la communauté, l'échange, composantes guidées par une notion fondamentale : l'**émotion**. Et parce qu'il faut un système vertueux, on ajoutera enfin le volet mercantile sans lequel rien ne perdure : la quête d'un modèle économique (composante que nous n'aborderons pas dans cet ouvrage car hors sujet).

C'est dans la combinaison de ces valeurs que nous voyons émerger les concepts propres au média Internet, ces valeurs qui contribueront à la construction durable d'une relation média.

L'émotion, comburant de ce bouillonnant nouvel écosystème fut longtemps considérée en dehors du champ des investigations. Elle est considérée depuis peu (depuis la fin des années quatre-vingt) comme l'une des composantes essentielles à la vie de l'homme. Qu'elle soit positive ou négative voire anxiogène, l'émotion est au cœur de toutes nos décisions, notamment les plus structurantes. Rien d'étonnant de la retrouver au cœur des processus des réseaux sociaux.

Jaak Panksepp publie d'ailleurs en 1998 "Affective neurosciences" dans lequel il précise :

« Les structures cérébrales sont associées aux émotions primaires sans lesquelles notre cortex ne pourrait fonctionner convenablement. Ces systèmes émotionnels commencent par la recherche des ressources nécessaires à la survie qui se traduit par un comportement exploratoire associé à ce qu'on a appelé le circuit de la récompense. »

Inutile de rappeler que l'homme n'est pas en mesure de vivre seul. À côté des principes de base de survie alimentaire, on distingue évidemment ce besoin d'adhésion à un groupe, l'appartenance à un univers social au sein duquel on a sa place, son rôle, sa contribution et évidemment en retour, sa gratification.

« Puis vient le risque de rencontrer un prédateur durant cette exploration, d'où la peur, un second système émotionnel qui permet de mobiliser nos ressources pour faire face à la menace. »

Le prédateur est certes celui qui porte potentiellement atteinte à votre vie mais aussi celui qui se révèle agresseur de votre environnement.

Une fois notre survie assurée, l'essentiel devient alors de transmettre nos gènes en nous reproduisant. Le désir sexuel et son avatar humain, l'amour romantique, devient également un système émotionnel des plus fondamentaux. Si la reproduction réussit, il faudra prendre soin de sa progéniture. Le bébé doit ensuite pouvoir communiquer efficacement à ses géniteurs quand ça ne va pas et c'est ce que Panksepp appelle le système de panique qui serait ensuite à la base de tous les phénomènes d'anxiété, y compris les grands dérèglements qui mènent à la dépression.

Panksepp montre que ce système de panique couplé à celui des soins permet l'apparition d'une vie sociale chez les mammifères et à l'attachement, système secondaire qui dépend d'un apprentissage.

Qui dit apprentissage dit également conditionnements et comportements.

On a tous entendu parler du Russe Ivan Pavlov et de ses fameux "réflexes conditionnés" mais le principal théoricien du comportement, c'est l'Américain B.H. Skinner (voir à http://

fr.wikipedia.org/wiki/Burrhus_Frederic_Skinner), fondateur du béhaviorisme (théorie radicale sur le comportement, voir à http://fr.wikipedia.org/wiki/B%C3%A9haviorisme). Celui-ci professait que nous étions essentiellement "le produit de notre environnement". Que notre comportement était donc étroitement dépendant des conditions de nos actions.

Et si les services de réseaux sociaux étaient l'équivalent -numérique- de la fameuse "boite de Skinner" (un dispositif expérimental qui servait à mesurer les réactions d'animaux -rats, pigeons- à des stimuli afin d'en déduire les comportements types) ?

Si donc la théorie de Skinner s'applique à cet "environnement", que sont devenus les services de réseaux sociaux pour de nombreux utilisateurs (et quand on devient accro à un service Web, celui-ci devient effectivement un pan entier de votre environnement quotidien) ? Il est logique que cette "matrice" produise des réactions et des comportements "adaptés". Puisque ces services sont désormais majoritairement orientés sur le partage de contenus, ils imposent donc à chacun de devenir "producteur de contenus" qu'il en soit capable ou pas... Comme la plupart des gens ne sont pas des créateurs (souvenons-nous de la règle du 1-9-90...) mais que l'environnement comme un rat dans une "boîte de Skinner" les oblige tout de même à se comporter comme tels (sinon à déchoir et ne plus exister vis-à-vis des autres), on obtient les résultats que l'on sait : des contenus médiocres.

Force est de constater que nous avons là les fondations essentielles à l'existence de nos réseaux sociaux. L'émotion gouverne tellement les versants négatifs tels que l'anxiété des solitudes, du regard de l'autre, de l'attaque qui prévaut à la mise en place d'un système de défense.

« Le dernier système émotionnel serait le jeu, un système permettant de découvrir, si l'on veut, sa nature en tant qu'espèce, une nature nécessitant une foule de compétences sociales chez l'humain. »

Et qui dit jeu dit divertissement, ce qui est le propre d'un média...

L'interactivité et le mix des communautés permettent alors

l'émergence des fameux réseaux sociaux.

Mais doit-on encore les appeler de la sorte ?

Le terme "Médias Sociaux" ne serait-il pas plus approprié ?

Déclinés en de multiples thématiques, ils permettent aujourd'hui aux communautés de se divertir, d'échanger, de satisfaire ni plus ni moins à la poursuite de la quête d'appartenance et d'adhésion à un modèle social.

Parfaitement complémentaires aux médias en place, on ne cherchera donc pas à les opposer mais plutôt à les combiner pour tirer de chacun le meilleur.

Ainsi naissent la "social TV", le second écran, le crowdfunding, les réseaux locaux, etc. Ces multiples synthèses protéiformes propres à la diversité de l'espèce humaine.

Mais doit-on voir dans ces médias sociaux une simple prolongation d'un système d'inter-échanges ou sont-ils les révélateurs d'un malaise plus profond mettant en lumière une société du réel de plus en plus égocentrique et repliée sur elle-même ?

Certes, on a souvent plusieurs centaines d'amis sur ces médias sociaux mais connaît-on pour autant ce voisin de palier, le commerçant, le parent venant chercher ses enfants à l'école ?

A-t-on si peu de potentiel voisin dans l'univers réel, pour vouloir en trouver via l'espace digital ?

Les réseaux sociaux ne sont donc ni plus ni moins que le simple prolongement de notre besoin insatiable de communiquer. Ils ne doivent pour autant en aucun cas nous faire oublier qu'il nous appartient d'en garder le strict contrôle. Pour vous faciliter cela, voici nos recommandations :

- N'essayez pas "d'exister" sur ces services en accumulant de façon aveugle les contacts et/ou les publications, vous n'allez que vous perdre.

- Ne trichez pas tant sur votre représentation que sur vos interactions. Affichez une Bio réfléchie et honnête. Précisez qui vous êtes, ce que vous attendez du service et synthétisez vos centres d'intérêts par des mots clés.

- N'attendez pas trop des nouvelles rencontres que vous faites sur ces services (quand ça arrive notamment pour les plus coquins qui exploitent avec opportunité ce Minitel rose nouvelle génération). Dans la mesure du possible, avancez prudemment et prenez votre temps afin de vérifier vos premières impressions. Rappelez-vous qu'une communauté moyenne raisonnable et exploitable se compose d'un maximum de 250 individus.

- Ne sélectionnez que les services qui vous conviennent, répondent à vos objectifs et abstenez-vous de vous ruer sur tous les effets de mode. Vous noterez le plus souvent la duplication des communautés entre les services ne vous faisant au final que perdre du temps et lasser votre entourage par la redondance de vos publications.

- Adaptez votre communication aux services choisis et participez de façon réfléchie, constructive, en apportant votre propre contribution via des contenus originaux.

- Intéressez-vous aux services spécialisés dans un domaine, ils sont en pleine croissance en ce moment. Si vous êtes un designer, voyez du côté des services qui rassemblent de nombreux autres designers et ainsi de suite.

Ne serait-ce qu'en suivant ces conseils élémentaires, nous pouvons vous garantir que vous allez pouvoir mesurer l'efficacité effective (et bien réelle) des services de réseaux sociaux (et sans avoir à en subir les effets délétères) : volumes, diversité, effet de levier, etc.
Et plus important encore, ne perdons pas ce bien précieux qu'est l'échange des sens qui lui, n'existe que dans le monde bien réel.

Alain Lefebvre & François Lienart - avril 2013.

Si vous avez apprécié cet ouvrage, n'oubliez pas de le faire savoir : un commentaire sur Amazon, un "like" sur notre page Facebook (à https://www.facebook.com/LeMiroirBriseDesReseauxSociaux) ou, mieux encore, une petite note sur votre blog nous ferait très plaisir !
Merci d'avance pour votre soutien...

NOTES DES AUTEURS

Retrouvez l'actualité de cet ouvrage sur sa page Facebook à https://www.facebook.com/LeMiroirBriseDesReseauxSociaux

Si vous avez acheté la version papier de cet ouvrage, sachez que vous avez droit à la version numérique gratuitement !

Pour cela, envoyez un message aux auteurs (à alefebvre@gmail.com ou à françois.lienart@gmail.com) afin de recevoir (par email) le lien vers la page où vous pourrez récupérer la version numérique de ce livre dans le format de votre choix (pdf, ePub ou Kindle).

À propos de cette version :

Ceci est la première édition de ce livre nous espérons que sa qualité éditoriale sera à la hauteur de vos attentes.

Cependant, il reste toujours des coquilles et des fautes de frappe dans tous les ouvrages. Mais nous ne voulons pas nous contenter de cette situation... Nous croyons avoir trouvé la solution pour toujours faire progresser la qualité éditoriale de notre livre : c'est de nous appuyer sur vous !

En effet, si, au fil des pages, vous y trouvez des fautes de frappe, d'orthographe, de ponctuation ou autres, écrivez-nous (à alefebvre@gmail.com ou à françois.lienart@gmail.com), signalez-nous la ou les fautes trouvées et nous vous remboursons cet ouvrage !

Par un chèque à l'adresse que vous nous indiquerez ou par un virement via Paypal... Promis !

Merci d'avance pour votre aide.

Remerciements à Elisabeth, Marjorie et Joseph pour leurs corrections précises...

www.ingramcontent.com/pod-product-compliance
Lightning Source LLC
Chambersburg PA
CBHW070705290526
45790CB00001B/464